军都法学

第八辑

主 编

王文英　孟祥滨

编委会

王文英　孟祥滨　刘文智　王鸿飞　罗嘉馨　陈佳俊　刘雅文

胡家硕　徐　泽　张茗仪　樊银库　罗　雯　金宇蕾　彭昊阳

张兴兴　蔡孟婕　沈婧怡　袁　腾　陈星源

中国政法大学出版社

2024·北京

图书在版编目（CIP）数据

军都法学. 第八辑/王文英, 孟祥滨主编.--北京：中国政法大学出版社，
2024.7.--ISBN 978-7-5764-1593-3

Ⅰ. D90-53

中国国家版本馆 CIP 数据核字第 2024W22V94 号

出　版　者	中国政法大学出版社
地　　　址	北京市海淀区西土城路 25 号
邮　　　箱	fadapress@163.com
网　　　址	http://www.cuplpress.com（网络实名：中国政法大学出版社）
电　　　话	010-58908524(第六编辑部) 58908334(邮购部)
承　　　印	固安华明印业有限公司
开　　　本	720mm×960mm　1/16
印　　　张	11.5
字　　　数	160 千字
版　　　次	2024 年 8 月第 1 版
印　　　次	2024 年 8 月第 1 次印刷
印　　　数	1~1500 册
定　　　价	59.00 元

目　录

关于社会危害性之于犯罪概念的再检视

严 晗

摘 要：社会危害性理论作为苏联刑法理论在中国本土化的代表，随着 1997 年刑法诞生，产生的争论已逾 20 年。当我们回顾社会危害性理论，加之以客观的审视，可以发现社会危害性理论本身在中国刑法学中仍具有强盛的生命力。但随着我国刑法学认识的变化与发展，罪刑法定原则在刑法中的地位得到肯定，社会危害性理论本身应当予以适时的调整。在新刑法对于刑法体系的重新塑造下，社会危害性理论与罪刑法定主义之间的矛盾已不复存在。鉴于社会危害性在概念上并不依附于规范的概念，并且其本身的应用具有较明显的具体性特征，因此不必再对其追求精细化或可操作性。在新刑法体系中对于社会危害性与刑事违法性的调和，在排除社会危害性中心论的同时，应当坚持以刑事违法性为主要内容、以社会危害性为次要内容所构成的犯罪概念，实现形式概念与实质概念的有机统一。

关键词：犯罪概念；社会危害性；刑事违法性；法益侵害

Re-examination of the Concept of Social Harm to Crime

Abstract：As the representative of the localization of the Soviet criminal law theory in China, the Theory of Social Harmfulness has been debated for more than

1

20 years with the birth of criminal law in 1997. When we review the Theory of Social Harmfulness, coupled with an objective examination, we can find that the Theory of Social Harmfulness itself still has strong vitality in Chinese criminal law. However, with the change and development of the understanding of criminal law in China, the status of the principle of criminal law in criminal law has been affirmed, and the Theory of Social Harmfulness itself should be adjusted in a timely manner. Under the reshaping of the criminal law system in the new criminal law, the contradiction between the Theory of Social Harmfulness and the Doctrine of a Legally Prescribed Punishment for a Special Crime no longer exists. In view of the fact that social hazards are conceptually not dependent on the concept of norms, and their own applications have high specific characteristics, there is no need to pursue refinement or operability. In the new criminal law system, while excluding the social harmfuhess center theory, we should adhere to the concept of crime composed of criminal illegality as the man content and the social harmfulness as the secondary content, and realize the organic unity of the concept of form and substance.

KeyWords: The Concept of Crime Nature of Social Harm Criminal Offense Legal Violations

　　自新中国诞生以来，对我国刑法学影响最为深远的舶来理论非社会危害性理论莫属。社会危害性理论传承自苏联，是苏联刑法学理论的灵魂所在，在我国的刑法学理论和刑事立法与司法中也长期处于一种绝对的统治地位。在 1979 年刑法颁布并生效之前，社会危害性理论无疑是诠释犯罪本质、判断罪与非罪的核心标准；而进入到 1979 年刑法时代，由于类推解释的广泛适用，社会危害性理论仍然作为当时刑法条文的补充原则在我国刑法中具有举足轻重的地位。但随着罪刑法定原则在 1997 年刑法中的确立，以社会危害性与刑事违法性的冲突为立足点，质疑甚至反对社会危害性理论的声浪与日俱增。在学术争论广泛而持久的今天，应摒弃对于社会危害性理论本身的偏见，以客观中立的角度给予社会危害性之于犯罪概念的重新审视，为进一步讨论其在犯罪概念乃至整个刑法学中的存废问题奠定学理基础。

一、社会危害性在我国刑法中的引入

我国刑法中的社会危害性理论来源于苏联，但社会危害性理论真正的起源可以追溯到18世纪的西欧。在刑事古典学派与刑事实证学派对于犯罪概念的论争风云中，贝卡里亚第一次将行为对于社会的危害性与犯罪的概念相结合，称"我们已经看到，什么是衡量犯罪的真正标尺，即犯罪对社会的危害"[1]，值得注意的是，这里所指的"社会"并非一般意义上的概念，而是基于社会契约论的概念。贝卡里亚认为，犯罪行为本质上是违反社会契约义务的行为。基于同样的考量，贝卡里亚主张犯罪的法定化，以此实现对于公民私权利的保护，防止公权力的滥用。[2]贝卡里亚对于罪刑法定主义的拥护，使得其提出的犯罪概念从相当的程度上区别于之后刑事实证学派所主张的犯罪的实质概念。

苏联是首个将犯罪的实质概念引入到刑事立法中的国家，其刑法学对于犯罪概念的研究主要围绕着对于犯罪政治性质或是阶级性质的分析。苏联刑法学早期选择以犯罪的实质概念对犯罪进行界定，不仅出于将自身与资本主义刑法相区分的目的，更是为了以犯罪的实质概念取代刑法分则对于各犯罪的规定，最终实现刑法的消亡。[3]早在苏联建立之前，1919年的

---

[1] ［意］切萨雷·贝卡里亚：《论犯罪与刑罚》，黄风译，中国法制出版社2002年版，第78页。

[2] ［意］切萨雷·贝卡里亚：《论犯罪与刑罚》，黄风译，中国法制出版社2002年版，第9~12页。

[3] M·A·切利佐夫-别布托夫："资产阶级刑法典是从形式上规定犯罪的定义，把犯罪看成是实施时即为法律所禁止并应受惩罚的行为。苏维埃立法则与此不同，它是从实质上，也就是从对法律秩序的损害上、危害上来规定犯罪的定义的。"E·B·帕舒卡尼斯："犯罪和刑罚的概念，是法律形式最必不可少的概念，只有到作为上层建筑的法律开始全面消亡时，才能消除这种法律形式。如果我们在事实上，而不只是在口头上开始抛弃这种概念，不再依靠

《苏俄刑法指导原则》第 6 条就规定："犯罪是危害某种社会关系制度的作为或不作为。"1922 年的《苏俄刑法典》第 6 条则更进一步规定："威胁苏维埃制度基础及工农政权在向共产主义过渡时期所建立的法律程序的一切危害社会的作为或不作为，都被认为是犯罪。"这标志着社会危害性作为犯罪的实质概念在苏俄、苏联刑法中得到了确立。暂且不论此时期的苏联对于马克思主义法学理论是否进行了曲解，即便将法的消亡包含在国家的消亡概念之中，这一过程也是渐进的，是法律自身随社会关系的不断变化自主消失的过程，而绝非人为地在一朝一夕之间对于法律的消灭。在社会关系条件未成就的情况下，法律的系统性缺位，必然造成社会的动荡不安。"大清洗"运动加深了苏联刑法学对此问题的认识，犯罪的形式概念在这之后逐渐被学界和立法所接受。基于此，1958 年《苏联和各加盟共和国刑事立法纲要》第 7 条与 1960 年《苏俄刑法典》第 7 条均对于犯罪概念采用了刑事违法性与社会危害性相结合的定义模式。[1]但根据此模式，符合分则构成要件而不具有社会危害性的，"都不认为是犯罪"；不符合分则构成要件而具有社会危害性的，"都认为是犯罪"。刑事违法性在苏联刑法中仅仅作为社会危害性的形式表征，其存在无损于社会危害性的核心地位。

在 1979 年《刑法》[2]生效之前，我国并不存在形式意义上的刑法典，但是在这一时期也存在界定犯罪概念的立法尝试。如 1950 年的《刑法大纲草案》第 7 条第 1 款规定："凡反对人民政权及其所建立的人民民主主义的法律秩序的一切危害社会的行为，均为犯罪。"但 1954 年的《刑法指导原则

（接上页）它们，就将是我们最终打破资产阶级法学狭隘观念的最好见证。"参见［苏］А·А·皮昂特科夫斯基等：《苏联刑法科学史》，曹子丹等译，法律出版社 1984 年版，第 19 页。

〔1〕 1960 年《苏俄刑法典》第 7 条："凡本法典分则所规定的侵害苏维埃的社会制度和国家制度，侵害公民的人身、政治权、劳动权、财产权以及其他权利的危害社会行为（作为或不作为），以及本法典分则所规定的其他各种侵害社会主义法律秩序的危害社会行为，都认为是犯罪。形式上虽然符合本法典分则所规定的某种行为的要件，但是由于显著轻微而对社会并没有危害性的作为或不作为，都不认为是犯罪。"

〔2〕 为行文方便，本书中提及的我国法律规范文件均省略"中华人民共和国"字样，如《中华人民共和国刑法》简称《刑法》。

草案》一改之前单以实质概念定义犯罪的模式，转而采取形式概念与实质概念相结合的方式，其第 1 条第 1 款规定："一切背叛祖国、危害人民民主制度、侵犯公民的人身和权利、破坏过渡时期的法律秩序，对于社会有危险性的在法律上应当受到刑事惩罚的行为（行为包括作为和不作为），都认为是犯罪。"很遗憾的是，随着"反右"运动与"文化大革命"的开展，中国的法治进程陷入停滞状态，该刑法草案也胎死腹中，但这一形式概念与实质概念相结合的定义方式却延续到了 1979 年《刑法》中，[1]现行《刑法》也继承了这一定义方式。[2]

然而，虽然自苏联首次将社会危害性作为犯罪的实质定义纳入到刑事立法活动中已逾百年，但社会危害性本身的概念却从未被明确。在 1949 年后学界对于此问题已有讨论，其主要观点认为"危害人民民主制度和社会秩序的行为就是具有社会危害性的行为"[3]。在这之后，我国刑法学中对于社会危害性的定义主要有事实说、法益说、属性说等，[4]但这些学说仍然未能完成明确社会危害性概念的任务，其大多以本就未明确的概念要素来界定社会危害性的概念，如此得到的结果必然具有较大的模糊性。例如，事实说认为，"社会危害性，是表现行为对我国社会主义社会关系所产生的

---

〔1〕《刑法》（1979 年）第 10 条："一切危害国家主权和领土完整，危害无产阶级专政制度，破坏社会主义革命和社会主义建设，破坏社会秩序，侵犯全民所有的财产或者劳动群众集体所有的财产，侵犯公民私人所有的合法财产，侵犯公民的人身权利、民主权利和其他权利，以及其他危害社会的行为，依照法律应当受刑罚处罚的，都是犯罪；但是情节显著轻微危害不大的，不认为是犯罪。"

〔2〕《刑法》（2020 修订）第 13 条："一切危害国家主权、领土完整和安全，分裂国家、颠覆人民民主专政的政权和推翻社会主义制度，破坏社会秩序和经济秩序，侵犯国有财产或者劳动群众集体所有的财产，侵犯公民私人所有的财产，侵犯公民的人身权利、民主权利和其他权利，以及其他危害社会的行为，依照法律应当受刑罚处罚的，都是犯罪，但是情节显著轻微危害不大的，不认为是犯罪。"

〔3〕 中央政法干部学校刑法教研室编著：《中华人民共和国刑法总则讲义》，法律出版社1957 年版，第 56 页。

〔4〕 参见高铭暄主编：《新中国刑法学研究综述》（1949~1985），河南人民出版社 1986年版，第 96~97 页。

有害影响"，却未能明确"社会主义社会关系"内容为何、产生"有害影响"的作用机理如何等等。在学界也有一种声音，将社会危害性区分为立法论中的社会危害性与司法论中的社会危害性，认为在司法论中的社会危害性是指"司法者依据行为的刑事违法性而认定该行为严重侵犯了国家、社会、个人利益而具有的社会危害性"。[1] 但社会危害性既然作为犯罪实质概念的主要内容，与刑事违法性具有相对独立性，则不应将二者的概念进行过多的勾连，或者说至少不应当完全以其中一方作为另一方的定义基础，否则将出现循环论证的问题。如果以刑事违法性来判断社会危害性，那么对于社会危害性本身存在的实际价值则会产生疑问，如此一来，对于社会危害性乃至犯罪的概念分析注定将沦为刑法学论争中没有实际价值的文字游戏而已。[2]

因此，若要对于社会危害性进行定义，则势必要加以相对独立与规范刑法的要素来进行界定。这实际上将面临另一个问题，即对于社会危害性的概念进行抽象理论层面上的明确，这一命题是否具有讨论的价值或必要性。长期以来，有关于社会危害性概念的学术研究已经表明了证实这一命题的难度，这或许在一定程度上与社会危害性自身的特性相关。社会危害性概念的规范目的是考察行为对于社会的危害作用，这涉及到从社会价值的角度对行为进行分析。然而，社会价值概念本身就具有高度的不确定性，行为对社会价值或社会秩序的破坏往往与社会的整体认知或当下政策等因素相关联，具有高度复杂性。不仅如此，从社会价值和秩序到社会的整体认同，种种评价标准对社会的影响无时无刻不在发生深刻而复杂的变化，尤其在当前经济与社会飞速发展的背景下，新概念、新制度层出不穷，这

---

〔1〕 参见李立众、柯赛龙：《为现行犯罪概念辩护》，载《法律科学（西北政法大学学报）》1999年第2期；李立众、李晓龙：《罪刑法定与社会危害性的统一：与樊文先生商榷》，载《政法论丛》1998年第6期。

〔2〕 参见陈兴良：《社会危害性理论———一个反思性检讨》，载《法学研究》2000年第1期；李海东：《刑法原理入门：犯罪论基础》，法律出版社1998年版，第4页；王勇：《关于犯罪的社会危害性》，载《社会科学》1984年第3期。

无疑加速了此种变化。鉴于社会危害性在刑法体系中的基础概念地位，从维护刑法的稳定性出发，保持其概念中的抽象要素是必要的，而概念上的抽象性则在一定程度上与明确性相偏离。可以发现，抽象性的概念在刑法的体系构成中并不少见。例如，评价行为人是否对其行为结果具有提前认识的能力，学界和司法实践往往引入社会人的一般认识标准，而这一标准本身就是抽象化的代表，除非在具体的案件情形中，否则难以被具象化。又如，刑法学理对于淫秽物品的判断普遍要求具有海淫性，如对于性关系的过分描写，其也具有相当的抽象要素，难以将其与文学影视作品中对性的正常描绘进行概念上的区分，仍然需要结合社会的普遍认识或具体的情形进行判断。

从犯罪概念之组成部分的角度来考察社会危害性，则更可明确将其概念进行抽象化的必要性。犯罪行为的概念不同于刑法分则中的各罪名，后者的规范目的是对具体行为进行定性与规制，而前者则是从整体上对于犯罪的本质特征进行概括描述。正如犯罪概念与刑法分则中各罪名之间抽象与具体的关系，社会危害性概念也存在着类似的情形。虽然长期以来对于社会危害性的概念构成争论不休，但在具体的司法实践中对其的判断却很少成为一个难题，其原因就在于社会危害性既是一个抽象的概念，也是一个可以具体化的概念，在犯罪概念中对社会危害性进行概念明确或标准化的尝试，实际上是混淆了社会危害性的这两种属性。社会危害性作为犯罪概念的组成部分，其任务不在于对行为的评价，而是确立自身作为评价要素的体系性地位。在具体情形的分析中，对行为进行社会危害性的评价则依赖于行为实施所存在的具体环境，其所关联的社会制度和社会秩序等要素也将脱离整体分析时的抽象化窘境，从而表现出具体的样态，在此基础之上，对行为的社会危害性评价才是具有可行性的和有实际价值的。

二、重新审视社会危害性之于犯罪概念的组成地位

（一）对于传统刑法学认识的批判性思考

在我国的传统刑法学认识中，犯罪被认为具有三种特征，即社会危害性、刑事违法性与刑罚可罚性，其中社会危害性是犯罪的本质特征。[1]基于此，我国的刑法实际上建立了一个以社会危害性理论为中心的刑法学体系，甚至有学者直接将社会危害性理论与我国的传统刑法学相等同。[2]但是，在传统刑法学中有关于"社会危害性中心论"的观点与论述多基于1979年《刑法》，有的甚至发源于1979年《刑法》颁布前的时期。自1997年《刑法》正式在刑法规范中确立罪刑法定原则，废除类推制度，社会危害性中心论的规范基础实际上已经消失。事实上，早在1997年《刑法》生效前，已经有学者开始认识到社会危害性与形式违法性之间的矛盾，对于"社会危害性是犯罪的本质特征"这一论断进行了反思。[3]

在1949年前后，有学者认为社会危害性与犯罪具有相同的内涵，刑法条文只是社会危害性在规范层面的形式体现，而社会危害性是判断和界定犯罪的唯一标准，且犯罪与其他行为的界分基于社会危害性的有无而非社会危害性的严重程度，以此展开了关于社会危害性是否为犯罪独有特征的论战。[4]反对者大多以"具有一定社会危害性的不道德行为不属于犯罪行为"进行反驳。在规范层面，由于彼时国内尚未有体系性的刑事立法，学者们则以苏联刑法中有关条文对于危害社会的表述进行了其他语词限定为

---

〔1〕　参见邓又天、邓定一、赵长青：《我国刑法上的犯罪概念》，载《人民司法》1979年第9期。

〔2〕　参见陈兴良：《刑法哲学》，中国政法大学出版社1997年版，第687页。

〔3〕　参见朱伟临：《论对"社会危害性是犯罪的本质特征"表述的限定与奉法为尊》，载《甘肃政法学院学报》1996年第1期。

〔4〕　张仙根：《关于犯罪概念中社会危害性问题的商榷》，载《华东政法学报》1956年第2期。

由进行论证。[1]

从刑法的谦抑原则出发，属实不应将社会危害性与犯罪相等同。虽然犯罪行为区别于其他违法行为或非道德行为，但不代表后二者不具有社会危害性。例如，在《治安管理处罚法中》，诸多行政违法行为的构成要件与相对应的犯罪行为极其相似甚至完全相同。如对于"寻衅滋事行为"，《治安管理处罚法》第 26 条规定："……①结伙斗殴的；②追逐、拦截他人的；③强拿硬要或者任意损毁、占用公私财物的；④其他寻衅滋事行为……"而《刑法》第 293 条规定为："……①随意殴打他人，情节恶劣的；②追逐、拦截、辱骂、恐吓他人，情节恶劣的；③强拿硬要或者任意损毁、占用公私财物，情节严重的；④在公共场所起哄闹事，造成公共场所秩序严重混乱的……"可见二者在部分列举情况中具有极高的相似性。立法者之所以将如此相似甚至相同的行为在不同的法律部门加以规定，且多以具体情节的轻重加以区分，主要是因为这些行为虽不具有刑法规范所要求的社会危害性，但又确实具有一定社会危害性而需加以处罚，因此将其纳入到其他法律规范中。我国现行《刑法》第 13 条规定："一切危害国家主权、领土完整和安全，分裂国家、颠覆人民民主专政的政权和推翻社会主义制度，破坏社会秩序和经济秩序，侵犯国有财产或者劳动群众集体所有的财产，侵犯公民私人所有的财产，侵犯公民的人身权利、民主权利和其他权利，以及其他危害社会的行为，依照法律应当受刑罚处罚的，都是犯罪……"。其对于"危害社会的行为"在语义上加以诸多定语以用于限制社会危害性在犯罪论中的概念。由此可见，我国现行刑法明文否认了社会危害性是犯罪独有特征这一观点。

虽然社会危害性不为犯罪所独有并不影响其作为犯罪的特征之一，但如果要将其作为本质特征也不适合。犯罪的本质特征应当是体现犯罪这一

---

[1]　参见江仁宝、曾绍棠：《关于犯罪概念中社会危害性问题的讨论》，载《法学》1957年第 1 期。

概念中的核心内容，然而仅凭社会危害性却无法较为准确地描述犯罪，以至于无法将犯罪与其他具有社会危害性的行为进行区分。学理上对于社会危害性所添加的诸多限定词，如"严重的""违反刑法的""应受刑罚处罚的"，在逻辑上也无法将社会危害性归入犯罪的本质特征，反而体现了非社会危害性概念在界定社会危害性概念本身中的核心影响。如果说社会危害性本身在作为犯罪概念的构成中需要依靠其他概念来进一步界定，那么此种概念显然比社会危害性本身更加靠近犯罪的核心概念。

而将社会危害性作为犯罪的本质特征所带来的更为严重的隐患来源于其与刑事违法性的冲突。在这样的话语体系下，犯罪本质向实质概念倾斜，这将对于注重形式判断的罪刑法定原则形成极大的威胁。在一些学者的观点下，这样的思维将导致犯罪概念本身与罪刑法定原则及刑法所蕴含的人权保障机能产生对立对抗的严重恶果。[1] 在现行刑法已经明文确立了罪刑法定原则的情况下，如果仍然将社会危害性作为犯罪的本质特征，就难免面临社会危害性与刑事违法性在认定犯罪上起主要或次要作用的问题，进而引起二者的位阶之争。如果说将社会危害性作为判断的第一位阶，那么当以此判断不符合犯罪构成但具有社会危害性的行为时，势必将构成对于罪刑法定原则的违背，从而造成司法判断本身对于刑法规范的违反。反过来，如果将刑事违法性作为判断的首要依据，那么社会危害性就在实质上失去了其作为犯罪本质特征的地位。所以无论如何，将社会危害性作为犯罪的本质特征都将与刑事违法性产生不可调和的逻辑矛盾。因此，否认社会危害性的犯罪本质特征地位已实属必要。

（二）基于实质刑法观对社会危害性之体系作用的分析

罪刑法定原则在 1997 年《刑法》中的确立犹如干草堆里的火星，在学

---

〔1〕 参见付立庆：《犯罪构成理论：比较研究与路径选择》，法律出版社 2010 年版，第 37 页；陈兴良：《社会危害性理论——一个反思性检讨》，载《法学研究》2000 年第 1 期；陈兴良：《社会危害性理论：进一步的批判性清理》，载《中国法学》2006 年第 4 期。

界立刻引燃了社会危害性与刑事违法性之争。有学者对于将社会危害性剔除出犯罪概念的观点予以坚决的支持，[1]也有学者试图为社会危害性进行辩护，[2]另有部分学者主张在保留社会危害性的同时，给予社会危害性以更多限制。[3]在这样一场旷日持久的论争中，不难发现，将社会危害性作为犯罪概念论争的标的，实质上是对于实质定义能否为规范刑法学所容忍而产生的争议。社会危害性本身源于实质刑法的观念，作为一种超法规概念，其内涵注定不受刑事法规的约束，在这一情况下，解决实质概念与形式概念的冲突是否只有全然否定实质概念这一种路径，抑或是这一种路径是否是最优的选项，是一个需要审视的问题。

在审视之前，应当明确这样一种立场，即不应再将我国犯罪概念中的社会危害性理论等同于社会危害性中心论或是社会危害性标准。事实上，诸多学者对于社会危害性的批评之声多基于社会危害性中心论这一立场。例如，有学者就指出："我国刑法学承袭了前苏联的社会危害性中心论，因而可以把我国刑法理论称为社会危害性理论"。[4]但实际上，既然类推制度

---

〔1〕 参见陈兴良：《社会危害性理论——一个反思性检讨》，载《法学研究》2000 年第 1 期；陈兴良：《社会危害性理论：进一步的批判性清理》，载《中国法学》2006 年第 4 期；李海东：《刑法原理入门：犯罪论基础》，法律出版社 1998 年版，第 4~5 页；刘为波：《诠说的底线——对以社会危害性为核心话语的我国犯罪观的批判性考察》，载陈兴良主编：《刑事法评论》（第 6 卷），中国政法大学出版社 2000 年版，第 87~88 页；劳东燕：《社会危害性标准的背后——对刑事领域"实事求是"认识论思维的质疑》，载陈兴良主编：《刑事法评论》（第 7 卷），中国政法大学出版社 2000 年版，第 213 页。

〔2〕 参见王世洲：《中国刑法理论中犯罪概念的双重结构和功能》，载《法学研究》1998 年第 5 期；李立众、柯赛龙：《为现行犯罪概念辩护》，载《法律科学（西北政法大学学报）》1999 年第 2 期；李立众、李晓龙：《罪刑法定与社会危害性的统一：与樊文先生商榷》，载《政法论丛》1998 年第 6 期。

〔3〕 参见储槐植、张永红：《善待社会危害性观念——从我国刑法第 13 条但书说起》，载《法学研究》2002 年第 3 期；黎宏：《罪刑法定原则下犯罪的概念及其特征——犯罪概念新解》，载《法学评论》2002 年第 4 期；黎宏：《判断行为的社会危害性时不应考虑主观要素》，载《法商研究》2006 年第 1 期。

〔4〕 陈兴良：《社会危害性理论：进一步的批判性清理》，载《中国法学》2006 年第 4 期。

随着 1979 年《刑法》的废除而成为了历史，那么依照社会危害性进行定罪的裁判模式也自然不再可行，基于此，社会危害性中心论已失去了规范基础。与此同时，现行刑法第 3 条将罪刑法定原则以明文确立，并且第 13 条中对于犯罪概念的描述中也延续了"依照法律应当受刑罚处罚"这一形式概念。因此可以认为，当前我国刑法对于犯罪的判断是以形式违法性为主要判断依据，而不再像以前一样将社会危害性视作犯罪的主要甚至唯一标准。若此时仍将我国刑法视作社会危害性中心论的产物，则是对现行刑法规范的熟视无睹。

但是，不再坚持社会危害性中心论的观点，并不意味着对社会危害性在刑法中作用的全盘否定，也不意味着要将社会危害性逐出犯罪概念的领域。抛弃犯罪的实质概念，仅仅依靠犯罪的形式概念难以支撑庞大复杂的犯罪论体系，由此将产生诸多局限性。刑法本身的目的不仅仅在于保护犯罪关系中个人的权利，也在于实现对于社会公共利益的保护。毫无疑问，犯罪的形式概念在保护个人对抗司法的专断滥用、维护人权等方面起到了至关重要的作用。但是，依照形式概念，刑法所保护的社会秩序是否能够得到应有的保护却是值得怀疑的，而法定主义对于社会防卫的妨害几乎是与生俱来的。[1]同时，单论形式概念而排除实质概念，也势必造成犯罪概念中实体内容的缺失，倘若如此，刑法中的犯罪概念将仅仅成为一个纯粹的法律形式，除了与罪刑法定主义的相关条文相呼应外没有任何的实质意义，以此为基础的刑法学即将堕入法律形式主义的泥潭，这一结果也难以为部分对社会危害性持批判观点的学者所接受。[2]由于法律规范的滞后性，如果仅仅依靠犯罪的形式概念，恐怕难以适应社会的发展变化，而将实质概念添入其中，则使得犯罪概念具有一定的灵活性，可以随社会的发展变

---

〔1〕 参见［法］卡斯东·斯特法尼等：《法国刑法总论精义》，罗结珍译，中国政法大学出版社 1998 年版，第 9～10 页。

〔2〕 参见陈兴良：《社会危害性理论——一个反思性检讨》，载《法学研究》2000 年第 1 期。

迁在一定程度上自行调整其内涵，从而维护法律规范本身的稳定性，也使规范对于犯罪的定义更符合其社会意义。

从刑法分则的角度审视犯罪概念，可以发现，仅仅依靠犯罪的构成要件在一些情况下也无法完整精确地解决犯罪的界定问题。例如，在形式要件分析中，存在部分行政违法行为与犯罪行为难以区分甚至根本无法区分的难题，这在前文已有论述。又如，"危害社会""危害公共利益""造成严重后果"等表述直接出现在大量的具体规范中，这注定了仅仅依靠形式主义的理解无从判断这些罪名的构成要件。再者，即便我国的现行《刑法》已有逾20年的历史，经历了11次修正，但这并不代表当前的刑法规范是完美的。立法的缺陷是无法避免的，这由法律本身的特征所决定，在形式表现的规范具有缺陷的情况下，以实质概念相填补，对于确保法律规范内涵的完整性至关重要。值得注意的是，在论及犯罪的实质概念与形式概念的冲突时，有部分学者往往谈到社会危害性对于立法活动的影响，以立法活动往往以社会危害性为依据而加以论证社会危害性在犯罪概念中的重要性。[1] 其实这是对社会危害性与刑事违法性产生冲突前提的误认。这些观点的逻辑错误，究其根本，在于未能区分立法的犯罪概念与司法的犯罪概念。在立法的层面，社会危害性应当被纳入犯罪的概念从来都不具争议；真正的争议都集中在司法论层面的犯罪概念。将立法与司法相混淆，也造成了理论刑法学与规范刑法学或教义刑法学所具方法论的混用。基于此，有的学者认为形式概念回答什么是犯罪，而实质概念回答为什么是犯罪的问题，[2] 甚

---

〔1〕 参见王世洲：《中国刑法理论中犯罪概念的双重结构和功能》，载《法学研究》1998年第5期；李立众、柯赛龙：《为现行犯罪概念辩护》，载《法律科学（西北政法大学学报）》1999年第2期。

〔2〕 参见李立众、李晓龙：《罪刑法定与社会危害性的统一：与樊文先生商榷》，载《政法论丛》1998年第6期；陈兴良：《社会危害性理论：进一步的批判性清理》，载《中国法学》2006年第4期。

至有学者认为社会危害性与刑法可罚性是刑事违法性的构成要素，[1]其出发点也具有类似的错误。在司法论的角度下，无论是形式概念抑或是实质概念，都是为解决什么是犯罪的问题而存在。

（三）社会危害性与刑事违法性并不存在根本性冲突

对于社会危害性的批评者往往基于这样一种论调，即社会危害性是对罪刑法定原则的突破，彼此之间处于水火不容的关系。应当承认，由于社会危害性本身的概念不由刑事违法性所参与构成，社会危害性与刑事违法性之间的矛盾与冲突是实际存在的。关键的问题就在于，在我国现行《刑法》实质概念与形式概念相结合所造就的犯罪定义中，是否妥善地解决了此矛盾。如前文所述，1997 年《刑法》对于类推制度的废除实际上剥夺了社会危害性作为犯罪核心概念的地位，与此同时，罪刑法定原则明文写入刑法，标志着刑事违法性对于该地位的获得。在这样的体系安排下，对于犯罪概念的认识与犯罪概念的界定首先应当以犯罪的刑事违法性为标准，在刑事违法性尚有缺陷的情况下，以社会危害性相填补。因刑事立法的主要依据为行为的社会危害性，因此，满足犯罪构成要件的行为应当推定为当然具有相当的社会危害性，而不满足构成要件的行为应当视为法律在对该行为所具有的社会危害性是否纳入刑法处罚持否定态度。在这一维度下，社会危害性理论的现实作用集中于对依照刑事违法性所认定的犯罪行为所具社会危害性的宣示或排除，即对符合构成要件之行为的社会危害性表示实际的肯定或否定。表示肯定自不必多说，这表明社会危害性与刑事违法性得出了一致结论，认定该行为为犯罪行为。而如果社会危害性理论对于刑事违法性所推定的社会危害性给予否定，则将因社会危害性的缺失，导致该行为无法满足犯罪概念的要求，进而不构成犯罪，其规范依据就是

---

[1] 参见王昭武：《犯罪的本质特征与但书的机能及其适用》，载《法学家》2014 年第 4 期。

《刑法》第 13 条的但书："……但是情节显著轻微危害不大的，不认为是犯罪。"

对于现行刑法第 3 条的前半段规定："法律明文规定为犯罪行为的，依照法律定罪处刑……"，有学者将其视为积极意义上的罪刑法定原则。[1]依此逻辑，利用社会危害性理论对行为进行出罪似乎是对于积极的罪刑法定原则的违背。但是，这一观点忽略了有关社会危害性的规定也是法律规范的事实。我国现行《刑法》第 13 条的但书实际上是对于 1979 年《刑法》第 10 条但书的继承，而后者在很大程度上借鉴了 1960 年《苏俄刑法典》第 7 条之但书。关于其对于犯罪概念的作用，有学者认为鉴于第 13 条前半段规定"一切……都是犯罪"，但书又规定"情节显著轻微危害不大的，不认为是犯罪"，前后两段文字存在着语义上的冲突。[2]这一观点的思维逻辑是将犯罪概念的内涵局限于第 13 条的前半段，但实际上，犯罪概念不仅仅应当包含前半段的内容，后半段但书的内容也应被纳入其中，前者是从肯定角度对犯罪概念的积极定义，而后者则是从否定角度对犯罪概念的消极定义，二者相结合形成的有机整体才是对于犯罪概念的完整诠释。[3]而但书所利用的方法论则是将"定量分析"引入到犯罪的一般概念中，犯罪的形式概念作为其定性因素，同时以犯罪的实质概念作为量的尺度进行衡量，将无需动用刑法处罚的行为排除在外，[4]这是刑法谦抑原则的要求，同时

〔1〕 参见何秉松主编：《刑法教科书》（上卷），中国法制出版社 2000 年版，第 68~69 页。

〔2〕 参见樊文：《罪刑法定与社会危害性的冲突——兼析新刑法第 13 条关于犯罪的概念》，载《法律科学（西北政法大学学报）》1998 年第 1 期。

〔3〕 参见储槐植、张永红：《善待社会危害性观念——从我国刑法第 13 条但书说起》，载《法学研究》2002 年第 3 期。

〔4〕 参见储槐植：《我国刑法中犯罪概念的定量因素》，载《法学研究》1988 年第 2 期；储槐植、汪永乐：《再论我国刑法中犯罪概念的定量因素》，载《法学研究》2000 年第 2 期；储槐植：《刑事一体化与关系刑法论》，北京大学出版社 1997 年版，第 268 页；张永红：《我国刑法第 13 条但书研究》，法律出版社 2004 年版，第 31 页；反对意见参见李居全：《也论我国刑法中犯罪概念的定量因素——与储槐植教授和汪永乐博士商榷》，载《法律科学（西北政法大学学报）》2001 年第 1 期；陈兴良：《社会危害性理论：进一步的批判性清理》，载《中国法学》2006 年第 4 期。

也是期待可能性在我国刑法规范文本中缺位的情况下对于其的正确反映。对于"法律明文规定"的理解不应仅仅局限于刑法分则中关于犯罪构成要件的规定，一个行为因不满足社会危害性要素而不被视为犯罪，自然也就不会是"法律明文规定为犯罪行为"，也就谈不上对罪刑法定原则的违背。

况且，罪刑法定原则本身也并非绝对形式的、一成不变的。对于罪刑法定主义也曾有实质主义与形式主义之争，实质主义将"法定"之"法"视作一种自然之法，而形式主义则坚持"法"为既定的实体法律规范。[1]基于保障人权，限制国家司法权力的内核精神，坚持形式主义的罪刑法定已经在刑法学中站稳脚跟，但是，同时我们也可以看到，仅仅坚持罪刑法定的形式主义并不能够很好地体现这一内核精神，在一些情况下反而成为"恶法亦法"的盾牌。德国刑法拥有明确的定义与严密的规范逻辑，却在纳粹德国时期成为了纳粹党专制独裁的工具。在战后，许多人或司法裁判则以其遵循纳粹时期行之有效之法而为自己辩护，[2]因而实质主义在罪刑法定原则中也有存在的需要。事实上，从法的明确性原则到法不溯及既往原则，从禁止类推原则到从新兼从旧原则，在实质主义的影响下，刑法理论与法律规范一直在不断地变迁、发展。同样地，将社会危害性写入刑法，尤其是以但书的形式体现在犯罪概念中，实际上起到的是出罪的作用，这与罪刑法定原则所蕴含的保障人权的精神是并行不悖的，是对罪刑法定的发展而非违背。因此，社会危害性理论与罪刑法定原则之间并不具有根本上的冲突。

三、刑事违法性与社会危害性的体系性协调

在现行刑法对于犯罪概念的诠释下，在体系上调和刑事违法性与社会

---

〔1〕 参见陈忠林：《从外在形式到内在价值的追求——论罪刑法定原则蕴含的价值冲突及我国刑法应有的立法选择》，载《现代法学》1997 年第 1 期。

〔2〕 参见［德］古斯塔夫·拉德布鲁赫：《法律的不法与超法律的法》，舒国滢译，载雷磊编：《拉德布鲁赫公式》，中国政法大学出版社 2015 年版，第 3～14 页。

危害性所具有的冲突，其潜在的要求在于否定社会危害性作为犯罪的本质特征。在规范层面，对社会危害性之犯罪本质地位的坚持，将无可避免地对罪刑法定原则造成损害。在逻辑层面，坚持社会危害性的核心地位也将产生难以调和的矛盾。值得一提的是，在我国刑法学界有这样一种声音，其主张多元本质说来解决形式违法性与社会危害性的冲突问题，即不再坚持社会危害性是犯罪的本质特征，而是认为犯罪具有多元的本质，社会危害性、刑事违法性与刑罚可罚性共同组成了犯罪的概念；[1]而有学者更进一步，将犯罪的概念区分为两个侧面，认为社会危害性是犯罪概念的社会本质，而刑事违法性与刑罚可罚性为犯罪概念的法律本质。[2]但是，在罪刑法定原则所构建的犯罪论体系下，形式理性的判断优先于实质理性的判断是这一逻辑的必然前提，将社会危害性、刑事违法性与刑罚可罚性在同一平面进行展开，实际上是对于形式概念优先于实质概念这一观念的否定。然而，就社会危害性与刑事违法性的判断之间产生差异后，对于该如何协调这样的差异与矛盾的问题，此学说并未解答，或者说，在这样的理论体系下，对于这样一种疑问的产生本身就动摇了罪刑法定原则在刑法学中的基础。尽管按部分论者所述，将刑事违法性与社会危害性置于犯罪概念的AB两面，这似乎回避了两者之间产生的冲突问题，却无法真正解决刑事违法性与社会危害性在犯罪概念中的体系性矛盾。如果将社会危害性与刑事违法性视作同一事物之一体两面，那么这在实质上等同于以刑事违法性来诠释社会危害性的路径，而如前文所言，此路径是不被接受的。以多元的性质特征来理解社会危害性与刑事违法性的关系，则是对二者共同作为影响犯罪概念的平等因子的承认，也就意味着对在一些条件下以社会危害性来突破刑事违法性的字面含义的默许，而这绝不能为罪刑法定原则所容忍。

---

〔1〕 参见何秉松主编：《刑法教科书》（上卷），中国法制出版社 2000 年版，第 40 页；刘艳红：《社会危害性理论之辨正》，载《中国法学》2002 年第 2 期。

〔2〕 参见冯亚东：《理性主义与刑法模式：犯罪概念研究》，中国政法大学出版社 1999 年版，第 128~130 页。

这样的观点混淆了立法的犯罪概念与司法的犯罪概念，以刑法规范中所蕴含的立法的社会危害性内涵来覆盖司法的社会危害性，本身就是一种逻辑错误。因此，对于将社会危害性与刑事违法性归结于犯罪概念的不同性质特征的方法，仅仅是回避了对于二者之间矛盾的讨论，实际上并无助于从根本上解决二者之间的冲突，甚至产生了一系列新的逻辑问题。

在论及社会危害性与刑事违法性的冲突时，有学者除主张完全将社会危害性剔除出犯罪概念之外，同时也主张引入新的概念"法益及法益侵害"，认为其较于社会危害性而言的优势在于其具有规范性、实体性、专属性。[1]在讨论法益与社会危害性的概念比较之前，首先要明确的是，法益中所蕴含的"法"，是否是对实体法的意指。如果说其等同于实体法，那么法益侵害论将与同以实体规范为基础的刑事违法性构成很大程度上的概念重复，这仍然将产生与以刑事违法性界定社会危害性概念这一理论相似的逻辑问题。以此而言，犯罪概念内的循环论证似乎将无法避免。有学者主张法益之"法"实际上是一种"法秩序"，[2]但是法秩序只是一个笼统的概念，其内涵与外延本身也并不明确，那么以此为基础的法益本身亦将陷入模糊不清的概念之中。法益本身体现的是一种"理念性的社会价值"，表现出一个"主流社会的价值判断"，而社会危害性作为这一价值遭侵害时的评价，较于价值本身，更有资格作为犯罪概念的构成部分，而行为本身因具有"社会危害性的影响"，才值得通过实质性审查被评价为侵犯法益的行为。[3]在这一维度上，有学者甚至主张法益侵害与社会危害性是本质上相同的概念。[4]在我国刑法学中，社会危害性的大小不仅仅取决于法益侵害

---

〔1〕 参见陈兴良：《社会危害性理论——一个反思性检讨》，载《法学研究》2000年第1期。

〔2〕 参见马克昌：《比较刑法原理：外国刑法学总论》，武汉大学出版社2002年版，第91页。

〔3〕 参见〔德〕约翰内斯·韦塞尔斯：《德国刑法总论》，李昌珂译，法律出版社2008年版，第4~6页。

〔4〕 参见赵秉志、陈志军：《社会危害性理论之当代中国命运》，载《法学家》2011年第6期。

的严重程度，也受到行为人的主观心理状态等其他方面的影响。[1]因此，社会危害性的概念实际上覆盖了法益侵害的概念，并且受到更多因素制约，在这一维度上，认为法益侵害比社会危害性更具规范性的观点是不符合事实的。况且，贝卡里亚将"行为对社会的危害"视为"衡量犯罪的真正标尺"[2]，表明其也将社会危害性视作一种法律概念而非单纯的政治或社会概念。

在我国刑法学界，试图赋予社会危害性以具体规范概念的努力一直在进行。[3]如前文所述，至今为止，学界为规范、明确社会危害性的概念做出了诸多不懈努力，其中也诞生了事实说、法益说、属性说等诸多理论，但这样的尝试均未能达到明确社会危害性这一概念的目的。这也许是因为社会危害性本身的复杂特性决定了其难以被抽象为一个形式的概念，但这并不意味着社会危害性本身是空泛模糊的。可以说，社会危害性这一概念的模糊不清是抽象层面的概括问题，而之所以造成这样的结果，是因为在很长一段时间内，对于社会危害性形而上的概念的过分专注造成了其与刑法分则，乃至于与司法实践和社会现实的脱离，前者仅仅定义了社会危害性的形式概念，后者方是对其概念在实质方面的填充。仅仅依靠总则中犯罪的概念无法实际上区分犯罪与否，须结合刑法分则和其他因素方可明确，社会危害性也同理。而将社会危害性同刑法分则与现实因素相结合，可以发现其实际上具有相当明确的内涵和外延。[4]因此，认为社会危害性不具

---

[1] 王昭武:《犯罪的本质特征与但书的机能及其适用》，载《法学家》2014年第4期。

[2] 参见［意］切萨雷·贝卡里亚:《论犯罪与刑罚》，黄风译，中国法制出版社2002年版，第78页。

[3] 参见陈明华等:《中国法学会刑法学研究会2002年年会论文集（上）:犯罪构成与犯罪成立基本理论研究》，中国政法大学出版社2003年版，第193~194页；王勇:《关于犯罪的社会危害性》，载《社会科学》1984年第3期；曲新久:《社会危害性的评价标准》，载《法学》1993年第5期；付正权:《社会危害性标准问题新探》，载《法治论丛》1994年第3期。

[4] 参见储槐植、张永红:《善待社会危害性观念——从我国刑法第13条但书说起》，载《法学研究》2002年第3期；张小虎:《人身危险性与客观社会危害显著轻微的非罪思辨——我国〈刑法〉第13条之出罪功能》，载《中外法学》2000年第4期。

有实体性的观点也是一种谬误。

诚然，如前文所述，社会危害性并非犯罪所独有的特征。然而，将某一概念作为另一概念的组成部分，要求前者相对于后者具有专属性并非逻辑上的必然。许多法律概念中所包含的要素并非都具有专属性，如非法占有之于财产犯罪，又如公共利益之于危害公共安全。由此，刑法的概念不可能完全排除具有非专属性的组成，因而以不具专属性为由否认概念组成的构成作用与地位不存在理论基础。概念本身由其所蕴含的各个要素之间的相互作用而形成，并非仅仅依靠其中的某一项。除了社会危害性外，还有刑事违法性与刑罚可罚性对犯罪概念加以圈定。社会危害性本身作为犯罪概念构成的一部分，也为将犯罪行为从总的行为概念中识别出来起到了重要的作用，其将不具社会危害性的行为排除在外，进一步缩小了犯罪概念的圈定范围，而将违法行为或具社会危害性的不道德行为等与犯罪行为的区分的任务，则交由犯罪概念的其他构成部分来完成。因而，以社会危害性不具有专属性而主张以法益替代之的观点没有存在的基础。

在社会危害性中心论与多元论等解决方案均不可行的情况下，对于刑事违法性与社会危害性的体系性协调只剩下唯一路径，即坚持刑事违法性作为犯罪概念的基本构成要素。对于刑事违法性的坚持是罪刑法定主义的天然要求，而坚持刑事违法性，也并非对于社会危害性在犯罪概念中地位的否认。由于形式概念本身所具有的局限性，需要以社会危害性为主要内容的实质概念来对于犯罪概念进行填补。在这样的体系建构下，社会危害性本身虽然为一个独立的概念，但在犯罪概念中的地位则是作为刑事违法性的补充。从更实际的角度出发，则是对以前一阶段的刑事违法性判断中对于社会危害性的推定进行肯定或否定的评价。若社会危害性理论认可了该推定的结果，则保留刑事违法性判断对于罪名的认定；反之，则以社会危害性理论排除了刑事违法性所推定的社会危害性结果，认为行为不包含犯罪概念中的社会危害性要素，从而因犯罪的构成要素并不齐全而无法成立犯罪。除了维护罪刑法定的理念外，这也是出于平衡法律规范之普遍公正与个别公正的目的。诚然，"认定犯罪时以法律作为最高标准，以是否具有刑事违法性为根据，尽管可能使个别具有较为严重的社会危害性的行为无法受到制裁，但这是维护法律的尊严、实现一般公正所付出的必要代价"，[1] 但以社会危害性为出罪条件以平衡个别正义与普遍正义的情形却并未被排除在外，同时，该论者自己也主张"在刑事合理性与实质合理性发生冲突的情况下……在有利于被告原则下，才能考虑实质合理性。"[2] 刑事违法性基于其一般性的规范文本，只能够在宏观层面保障刑法以一套通用的法律规范实施、对全社会形成的一般公正，而无法具体到个别的现实情节，但后者是确保个别平等所必要的衡量因素，以社会危害性为主要内容的实质概念将其纳入其中，与形式概念相结合，才得以在司法活动中对于两种价值观念加以结合，在确保一般公正的前提下，满足个别公正的需求。

参考文献

1. 陈明华等：《中国法学会刑法学研究会 2002 年年会论文集（上）：犯罪构成与犯罪成立基本理论研究》，中国政法大学出版社 2003 年版。

2. 陈兴良：《刑法哲学》，中国政法大学 1997 年版。

3. 陈兴良、刘树德：《犯罪概念的形式化与实质化辨正》，载《法律科学》1999 年第 6 期。

4. 陈兴良：《社会危害性理论——一个反思性检讨》，载《法学研究》2000 年第 1 期。

5. 陈兴良：《社会危害性理论：进一步的批判性清理》，载《中国法学》2006 年第 4 期。

6. 陈忠林：《从外在形式到内在价值的追求——论罪刑法定原则蕴含的价值冲突及我国刑法应有的立法选择》，载《现代法学》1997 年第 1 期。

7. 储槐植：《刑事一体化与关系刑法论》，北京大学出版社 1997 年版。

8. 储槐植：《我国刑法中犯罪概念的定量因素》，载《法学研究》1998 年第 2 期。

---

〔1〕 陈兴良、刘树德：《犯罪概念的形式化与实质化辨正》，载《法律科学（西北政法大学学报）》1999 年第 6 期。

〔2〕 参见陈兴良：《社会危害性理论：进一步的批判性清理》，载《中国法学》2006 年第 4 期。

9. 储槐植、汪永乐：《再论我国刑法中犯罪概念的定量因素》，载《法学研究》2000年第2期。

10. 储槐植、张永红：《善待社会危害性观念——从我国刑法第13条但书说起》，载《法学研究》2002年第3期。

11. 邓又天、邓定一、赵长青：《我国刑法上的犯罪概念》，载《人民司法》1979年第9期。

12. 樊文：《罪刑法定与社会危害性的冲突——兼析新刑法第13条关于犯罪的概念》，载《法律科学（西北政法大学学报）》1998年第1期。

13. 冯亚东：《理性主义与刑法模式：犯罪概念研究》，中国政法大学出版社1999年版。

14. 付立庆：《犯罪构成理论：比较研究与路径选择》，法律出版社2010年版。

15. 付正权：《社会危害性标准问题新探》，载《法治论丛》1994年第3期。

16. 高铭暄主编：《新中国刑法学研究综述（1949—1985）》，河南人民出版社1986年版。

17. ［德］古斯塔夫·拉德布鲁赫：《法律的不法与超法律的法》，舒国滢译，载雷磊编：《拉德布鲁赫公式》，中国政法大学出版社2015年版。

18. 何秉松主编：《刑法教科书》（上卷），中国法制出版社2000年版。

19. ［法］卡斯东·斯特法尼等：《法国刑法总论精义》，罗结珍译，中国政法大学出版社1998年版。

20. 劳东燕：《社会危害性标准的背后——对刑事领域"实事求是"认识论思维的质疑》，载陈兴良主编：《刑事法评论》（第7卷），中国政法大学出版社2000年版。

21. 李海东：《刑法原理入门：犯罪论基础》，法律出版社1998年版。

22. 黎宏：《罪刑法定原则下犯罪的概念及其特征——犯罪概念新解》，载《法学评论》2002年第4期。

23. 黎宏：《判断行为的社会危害性时不应考虑主观要素》，载《法商研究》2006年第1期。

24. 李居全：《也论我国刑法中犯罪概念的定量因素——与储槐植教授和汪永乐博士商榷》，载《法律科学（西北政法大学学报）》2001年第1期。

25. 李立众、李晓龙：《罪刑法定与社会危害性的统一：与樊文先生商榷》，载《政法论丛》1998年第6期。

26. 李立众、柯赛龙：《为现行犯罪概念辩护》，载《法律科学（西北政法大学学报）》1999 年第 2 期。

27. 刘为波：《诠说的底线——对以社会危害性为核心话语的我国犯罪观的批判性考察》，载陈兴良主编：《刑事法评论》（第 6 卷），中国政法大学出版社 2000 年版。

28. 刘艳红：《社会危害性理论之辨正》，载《中国法学》2002 年第 2 期。

29. 马克昌：《比较刑法原理：外国刑法学总论》，武汉大学出版社 2002 年版。

30. ［苏］Ａ·Ａ·皮昂特科夫斯基等：《苏联刑法科学史》，曹子丹等译，法律出版社 1984 年版。

31. ［意］切萨雷·贝卡里亚：《论犯罪与刑罚》，黄风译，中国法制出版社 2002 年版。

32. 曲新久：《社会危害性的评价标准》，载《法学》1993 年第 5 期。

33. 王世洲：《中国刑法理论中犯罪概念的双重结构和功能》，载《法学研究》1998 年第 5 期。

34. 王勇：《关于犯罪的社会危害性》，载《社会科学》1984 年第 3 期。

35. 王昭武：《犯罪的本质特征与但书的机能及其适用》，载《法学家》2014 年第 4 期。

36. 江仁宝、曾绍棠：《关于犯罪概念中社会危害性问题的讨论》，载《法学》1957 年第 1 期。

37. ［德］约翰内斯·韦塞尔斯：《德国刑法总论》，李昌珂译，法律出版社 2008 年版。

38. 张仙根：《关于犯罪概念中社会危害性问题的商榷》，载《华东政法学报》1956 年第 2 期。

39. 张小虎：《人身危险性与客观社会危害显著轻微的非罪思辨——我国〈刑法〉第 13 条之出罪功能》，载《中外法学》2000 年第 4 期。

40. 张永红：《我国刑法第 13 条但书研究》，法律出版社 2004 年版。

41. 赵秉志、陈志军：《社会危害性理论之当代中国命运》，载《法学家》2011 年第 6 期。

42. 朱伟临：《论对"社会危害性是犯罪的本质特征"表述的限定与奉法为尊》，载《甘肃政法学院学报》1996 年第 1 期。

43. 中央政法干部学校刑法教研室编：《中华人民共和国刑法总则讲义》，法律出版社 1957 年版。

唐代中层法官研究

——以大理丞、大理评事为例

罗云鹏

　　摘　要：大理寺是唐代中央重要的司法机关之一，大理丞和大理评事在大理寺的内部官员结构中分别居于中层和中下层地位。大理丞为大理寺中主要的审判人员，特殊情况下也可负责参与修书立法、向皇帝提供司法建议等。两唐书对大理丞的记载基本集中于安史之乱以前。大理丞在历位任官者的迁转经历中基本居于中间序列，大多数人需要经过四到五任的迁转方可得任大理丞。大理评事则为大理寺主要的出使地方的审案人员，在部分案件中可与刑部、御史台相关官员组成三司使进行"三司推事"，此外也可负责修书立法。相较于大理丞，大理评事一般作为第三任官左右，居于任官者迁转经历中较为靠前的序列。在安史之乱以后，大理评事逐渐演变为一种常见的试衔，史书中以大理评事为本职的记载也逐渐减少。

　　关键词：官制流变；职官的阶官化；大理丞；大理评事

A Study of Middle-level Judges in Tang Dynasty
——Taking Dali Cheng and Dali Pingshi as Examples

　　Abstract：Dali Temple was one of the most important judicial organs in the

Tang Dynasty. Dali Cheng and Dali Pingshi were in the middle and lower levels of the official structure. Dali Cheng was the main judge in Dali Temple. Under special circumstances, he could also take part in the writing of books and legislation, and offer judicial advice to the emperor. The records of Dali Cheng in *Old Book of Tang* and *New Book of Tang* mainly focused on the period before the An-Shi Rebellion. Dali Cheng was basically in the middle sequence of the transfer experience of successive officials. Most of them needed four or five terms of transfer before they could be appointed as Dali Cheng. Dali Pingshi was the main judge that being assigned to places around the country outside Chang'an. In some cases, he could make up the Three Secretaries with the officials of Ministry of Xin and Yushitai. He could also be responsible for the revision of books and legislation. Compared with the Dali Cheng, Dali Pingshi was generally appointed as the third level, which is relatively in the previous sequence of the official's transfer experience. After the An-Shi Rebellion, Dali Pingshi gradually evolved into a common title, and the records of Dali Pingshi as their own duty in history books gradually decreased.

Key words: The Change of Official System   Rank of Officials   Dali Cheng   Dali Pingshi

绪　论

　　大理寺是唐代中央重要的司法行政机关之一。一方面,大理寺作为九寺之一,发挥着执行行政事务的功能;另一方面,大理寺又是司法系统中的重要机构。[1]目前学界较有代表性的著作对于大理寺的研究大多从官制

---

　　[1]　张雨:《司法,还是政务?——唐代司法政务运行机制研究相关问题述评》,载《唐宋历史评论》2019 年第 2 期。

史和法律史两个角度入手。自官制史角度而言，张国刚的《唐代官制》〔1〕对于大理寺的职权范围、人员组成和运行模式进行了简单勾勒，白钢主编的《中国政治制度通史·第五卷　隋唐五代》〔2〕则认为大理寺为中央最高审判机关，并将其置于司法制度运行中加以考察。自法律史角度而言，张晋藩主编的《中国法制通史》〔3〕则对大理寺的人员组成进行了详细描述，并将之与刑部、御史台进行了对比分析。除专著外，杨春蓉的《唐代大理寺述论》〔4〕和曹鹏程的《唐代大理寺研究》〔5〕等论文则针对大理寺进行了全景式的细致描绘。

　　然而，上述文献对大理寺的研究大多聚焦于史料研究所得出的抽象制度与结构，缺乏具体的大理寺官员任职经历作为佐证。在这方面的研究值得注意的是郁贤皓、胡可先的《唐九卿考》〔6〕，该书列举了历任大理卿和大理少卿共计两百余人，为这两个官职及整个大理寺的研究提供了翔实的实例资料。但除此之外，针对大理司直、大理丞、大理评事等居于大理寺中下层的官员，则缺少类似的研究。因此，本文拟对主掌大理寺审判工作的大理丞及主掌出使推按的大理评事以类似方法进行爬梳，以期填补这一研究方面的空缺。

　　本文将首先分析大理寺在整个唐代官制中的地位，然后分别考察见载于两唐书的 35 位大理评事和 13 位大理丞，结合《资治通鉴》及墓志等，以史料对任职者群像的刻画，尝试探求两职的功能、地位及其在有唐一代的演变规律，为唐代官制变迁研究提供一例注脚与佐证。

---

〔1〕　张国刚：《唐代官制》，三秦出版社 1987 年版，第 97 页。

〔2〕　白钢主编：《中国政治制度通史·第五卷　隋唐五代》，人民出版社 1996 年版，第 174 页。

〔3〕　张晋藩总主编：《中国法制通史》，法律出版社 1999 年版，第 615 页。

〔4〕　杨春蓉：《唐代大理寺述论》，四川师范大学 2002 年硕士学位论文。

〔5〕　曹鹏程：《唐代大理寺研究》，福建师范大学 2008 年硕士学位论文。

〔6〕　郁贤皓、胡可先：《唐九卿考》，中国社会科学出版社 2003 年版，第 348~418 页。

一、两职在唐前期政治体制中的地位

大理寺在名义上是唐代的最高审判机关,于龙朔二年(662年)改称详刑司,咸亨元年(670年)复称大理寺,光宅元年(684年)改为司刑寺,神龙元年(705年)又复称大理。[1]大理寺的主管范围可参见《唐六典》对其长官大理卿的职责概括:"大理卿之职,掌邦国折狱详刑之事"[2],《通典》则称"掌鞫狱,定刑名,决诸疑谳"[3]。除主管司法事务外,根据史料记载,大理寺亦负责管理监狱[4],参与修改律令[5]及遣人出使[6]等事项。

要明确两职在唐前期政治体制中的地位,首先需要考察大理寺在政治体制中的纵向位置。关于这一问题,可参考严耕望在《论唐代尚书省之职权与地位》中所示架构图。

通过与其他寺监横向对比,可发现大理寺事务较为单一,人员设置也相对较少,主要理由有二:其一,内部不再分署办公。据《唐六典》所载,诸寺监内部大多细分出二级机构,如光禄寺分太官、珍馐、良酝、掌醢四署,司农寺分上林、太仓、均盾、导官四署。大理寺并未采取这种体制,与此类似的只有宗正寺。比较两者及两类寺监的职权范围,我们不难看出主管"皇九族六亲之属籍"的宗正寺与主管"邦国折狱详刑"的大理寺在职权上皆指向单一事务,这应是其内部无需再行分署的原因。其二,大理寺与刑部的人数对比率相对较低。以户部为例,自尚书以下有官二十五员,

---

[1]　(宋)欧阳修、宋祁撰:《新唐书》,中华书局1975年版,第1256页。亦见于(唐)李林甫等撰:《唐六典》,中华书局1992年版,第502页。

[2]　(宋)欧阳修、宋祁撰:《新唐书》,中华书局1975年版,第1256页。亦见于(唐)李林甫等撰:《唐六典》,中华书局1992年版,第502页。

[3]　(唐)杜佑撰:《通典》,浙江古籍出版社1988年版,第152页。

[4]　(宋)欧阳修、宋祁撰:《新唐书》,中华书局1975年版,第1410页。

[5]　(北宋)王钦若等编:《册府元龟》,中华书局1960年版,第7342页、第7349页。

[6]　(宋)司马光编著:《资治通鉴》,中华书局1956年版,第7820页。

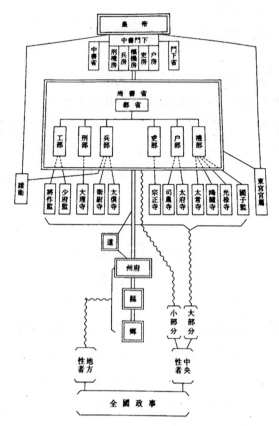

图1　玄宗开元时代之行政系统图〔1〕

吏一百九十八人，而掌仓储的司农寺官吏，多至六百余人，约为户部属员的三倍左右；又如兵部，自尚书以下官吏合计二百四十八人，而主管厩牧车舆的太仆寺官吏多至两千四百人以上、卫尉寺官吏亦有数百人，合为兵部属员的十倍有余。至于刑部，自尚书以下有官二十四员、吏一百六十七人，而大理寺有官三十七员、吏二百四十八人，不足两倍。

　　在大理寺中，以品级排序，自大理寺最高长官大理卿（从三品）以下，

　　〔1〕　严耕望：《论唐代尚书省之职权与地位》，载严耕望：《严耕望史学论文选集》，中华书局2006年版，第418页。

有大理少卿二人（从四品上），大理正二人（从五品下），第四等官便是大理丞（从六品上），置员六人。而自大理丞以下，设大理司直六人（从六品上），大理主簿二人（从七品上），之后便是大理评事十二人（从八品下）。大理评事以下，尚有大理录事二人（从九品上），狱丞四人（从九品下），及诸多不入品的狱史、问事、府史等官。[1]结合史料所载的具体职务，可将大理寺整体人员架构制表如下：

表1　唐代大理寺系统表，据《唐六典》制

品秩	官职						
从三品上	大理卿【长官】						
从四品上	大理少卿【副官】						
从五品下	大理正【参议刑狱、详正科条】						
从六品上	大理丞【分判寺事】						
从六品上	大理司直【主出使巡狱】						
从七品上	大理主簿【掌印，省署抄目，勾检稽失】						
从八品下	大理评事【主出使推按】						
从九品上	大理录事						
从九品下	狱丞						
	狱史	亭长	掌故	问事	府史	司直史	评事史

二、大理丞

（一）职官源流与职权范围

据《通典》所载，大理丞始设于晋武帝咸宁中期，曹志上表建议在廷尉中置丞，后宋、齐、梁、后魏顺承而设。至北齐时始称大理丞，设一人，

---

〔1〕 （唐）李林甫等撰：《唐六典》，中华书局1992年版，第503页。

隋初增为两人。隋炀帝在位时改大理丞为勾检官，主管狱事。至于唐朝又改为丞，共设六人。[1]大理丞的职掌范围，见于《唐六典》："丞掌分判寺事。凡有犯，皆据其本状以正刑名（六丞判尚书六曹所统百司及诸州之务，其刑部丞掌押狱）。"

通过归纳史料可以得出，大理丞之主要职务为处理刑狱，辅之以修订格律、司法建议与纠错等，分述如下：

1. 主掌刑狱

（1）狄仁杰

仁杰，仪凤中为大理丞，周岁断滞狱一万七千人，无冤诉者。[2]

（2）姚珝

无何，迁大理丞，转密县令，加朝散大夫，改齐州司马。慎狱恤廷尉之刑，作宰着王嶶之称。[3]

（3）韦虚心

虚心举孝廉，为官严整，累至大理丞、侍御史。神龙年，推按大狱，时仆射窦怀贞、侍中刘幽求意欲宽假，虚心坚执法令，有不可夺之志。[4]

（4）裴遵庆

随调吏部，授大理寺丞，剖断刑狱，举正纲条，理行始著。[5]

---

〔1〕 （唐）杜佑撰：《通典》，浙江古籍出版社1988年版，第152页。

〔2〕 （后晋）刘昫等撰：《旧唐书》，中华书局1975年版，第1886页。

〔3〕《大唐故朝议大夫上柱国杭州长史姚府君墓志铭并序》。

〔4〕 （后晋）刘昫等撰：《旧唐书》，中华书局1975年版，第3147页。

〔5〕 （后晋）刘昫等撰：《旧唐书》，中华书局1975年版，第3355页。

对历任者在职位上的表现，正史和墓志中多以"公正""无冤""无滞""慎刑"作为重要的正面评价指标。

2. 参与修定律令格式

（1）谢登

刑部详定大理丞谢登新编《格后敕》六十卷，令删落详定为五十卷。[1]

（2）元绍

永徽初，敕太尉长孙无忌、司空李勣……大理丞元绍、太府丞王文端、刑部郎中贾敏行等，共撰定律令格式。旧制不便者，皆随删改。[2]

（3）陈义海

删定官大理寺丞陈义海、右卫长史张处斌、大理评事张名播、左卫率府仓曹参军罗思贞、刑部主事阎义颛凡十人，删定格、式、律、令。太极元年二月奏上，名为《太极格》。[3]

3. 司法建议与司法纠错

（1）狄仁杰

时武卫大将军权善才坐误斫昭陵柏树，仁杰奏罪当免职。高宗令即诛之，仁杰又奏罪不当死。[4]

---

〔1〕（后晋）刘昫等撰：《旧唐书》，中华书局 1975 年版，第 552 页。
〔2〕（后晋）刘昫等撰：《旧唐书》，中华书局 1975 年版，第 2141 页。
〔3〕（后晋）刘昫等撰：《旧唐书》，中华书局 1975 年版，第 2149 页。
〔4〕（后晋）刘昫等撰：《旧唐书》，中华书局 1975 年版，第 1886 页。

（2）李朝隐

承嘉希三思旨，奏言："彦范与敬晖、张柬之、袁恕己、崔玄暐等教人密为此榜。虽托废后为名，实有危君之计，请加族灭。"制依承嘉所奏。大理丞李朝隐执奏云："敬晖等既未经鞫问，不可即肆诛夷。请差御史按罪，待至，准法处分。"大理卿裴谈奏云："敬晖等只合据敕断罪，不可别侯推鞫，请并处斩籍没。"[1]

（二）任职前的迁转经历

翻检两唐书，暂略任官职历语焉不详者，共得大理丞 11 位，制为下表：

表 2 唐代大理丞历任者情况表

序号	细项 任职者 姓名	入官时间	途径	迁转路径	史料来源
1	张蕴古	630（约）	未考	幽州总管府记事→中书省某官→大理丞……	《旧唐书》190/4992
2	毕正义	653	未考	太武皇帝挽郎→江工典签、右内率府长史、益府法曹→大理丞	《大唐故益州都督府法曹大理丞毕君墓志铭》
3	许枢	670（约）	明法	详刑评事→大理丞→洛州巩县令→苏州司马秦、越二州长史龙州刺史泗州刺史（加上柱国）太中太夫，持节都督嵩州诸军事嵩州刺史	《大周故正议大夫使持节都督嵩州诸军事守嵩州刺史上柱国高阳县开国男许君墓志铭并序》

---

〔1〕（后晋）刘昫等撰：《旧唐书》，中华书局 1975 年版，第 1931 页。类似记载，亦见于（宋）欧阳修、宋祁撰：《新唐书》，中华书局 1975 年版，第 4312 页。

表 2 唐代大理丞历任者情况表 续表

序号	任职者姓名	入官时间	途径	迁转路径	史料来源
4	韦维	未考	进士	陵州贵平尉雍州武功主簿盐州五原主簿间州晋安县永资州内江县令大理司直大理丞→户部郎中……	《旧唐书》101/3147，《大唐故银青光禄大夫行右庶子上柱国南皮县开国男韦公墓志铭并序》，《大唐郎中韦氏故妻崔夫人铭》
5	狄仁杰	677（约）	明经	汴州判佐→并州都督府法曹→大理丞侍御史朝散大夫+（累迁）度支郎中宁州刺史文昌右丞豫州刺史	《旧唐书》89/2886
6	李朝隐	700（约）	明法	临汾尉→（累授）大理丞闻喜令侍御史（三迁）长安令绛州刺史+吏部选事	《旧唐书》100/3125
7	姚珽	710（约）	未考	临清县丞→曹州司仓参军事→洛阳簿→洛阳县丞→大理丞→密县令……	《大唐故朝议大夫上柱国杭州长史姚府君墓志铭并序》
8	韦虚心	710（约）	举孝廉	参卿→河东主吏→大理司直→大理丞→大理卿→侍御史→御史中丞……	《旧唐书》101/3147，《东都留守韦虚心神道碑》
9	席豫	720（约）	手笔俊拔科	里邑尉→阳翟尉→监察御史→乐寿令→怀州司仓参军→（举超拔群类科）大理丞→考功员外郎→中书舍人……	《新唐书》128/4467

表 2 唐代大理丞历任者情况表   续表

序号	任职者姓名	入官时间	途径	迁转路径	史料来源
10	赵有孚	730（约）	举孝廉	（举孝廉）广都主簿→阙满调选右武卫仓曹→宣抚西蜀→太子通事舍人→华阴司法→大理丞→（贬）灵昌郡员外司功→弋阳司马	《大唐故七阳郡司马赵府君墓志铭并序》
11	裴遵庆	735（约）	荫补	（累授）潞府司法参军→大理寺丞→司门员外→吏部员外郎……	《旧唐书》113/3355

说明："史料来源"一栏中史料后所附前数为卷数，后数为页数，"两唐书"均以中华书局 1975 年版为准，表 3 同。

据上表可知：

第一，这些官员入仕途径多元，既有通过常科如进士、明经、明法科入仕，也有通过制科如手笔俊拔科入仕。除此之外，也有通过荫补及举孝廉而入官者，基本涵盖了唐代各类入官方式。

第二，对比上表各大理丞迁转历程，可见大理丞一般作为入仕后任官迁转的第五任左右。张蕴古、毕正义两人因特殊原因死于任上，不能全面反映任大理丞之后的迁转经历，故不予考虑。许枢、狄仁杰者任大理丞较早，韦维、姚珽、韦虚心、席豫等人则直到第五、六任官才得任大理丞一职，李朝隐、裴遵庆两例中，史书所载"累授"也可见大理丞并非一位官员能够出任的前几任官职。

第三，考察任官者在任大理丞之前的任职经历可以发现，任官者大多从地方的县丞、县尉或主簿、记事、参军等地方中层官员做起，历经多任迁转方才取得大理丞的职务，且部分官员的先前任职经历与司法有所关联，如毕正义自益府法曹升任大理评事，许枢自详刑评事升任大理丞，赵有孚自华阴司法升任大理丞，裴遵庆自潞府司法参军升任大理丞。韦维和韦虚心二例中则体现了从大理寺低层官员升任至大理丞的过程。可以推测，此前有无司法工作经历，可能是升迁大理丞的考虑指标，毕竟这样的经历在一定程度上可保证任职者的履职能力和司法水准。

（三）两则个例分析

1. 张鷟

因此例简要，任大理丞者经历缺略，故未厘入上表。

外王父大理丞某，重世为士，府君传其宪章，博施精理。年十九，明法擢第，解褐饶阳尉，丁王母忧去职。[1]

张鷟的外祖父为大理丞，对他从小施以法理教育，让他最终明法擢第，以饶阳尉解褐。表 2 中例 4（韦维）与例 8（韦虚心）两例与本例亦有相通之处。将本例与韦维、韦虚心父子之任官经历相对比[2]，可佐证唐代"法官家族"之存在，以及律法教育在家族内部的传承。

2. 毕正义

墓志称他"卒于务本里第"，自是为死者讳；核之两唐书，毕正义因受李义府之托而枉法判案，案发后畏罪自缢。《旧唐书》记载如下：

义府貌状温恭，与人语必嬉怡微笑……有洛州妇人淳于氏，坐奸系于大理，义府闻其姿色，嘱大理丞毕正义求为别宅妇，特为雪其罪。卿段宝玄疑其故，遽以状闻，诏令按其事，正义惶惧自缢而死。侍御史王义方廷奏义府犯状，因言其初容貌为刘洎、马周所幸，由此得进，言词猥亵。帝

---

〔1〕《府君墓志铭》。
〔2〕（后晋）刘昫等撰：《旧唐书》，中华书局 1975 年版，第 3147 页。

怒，出义方为莱州司户，而不问义府奸滥之罪。[1]

有关毕正义之死因，《新唐书》记载如下：

义府且穷，逼正义缢狱中以绝始谋。[2]

同样的记载在《资治通鉴》也能找到：

上命给事中刘仁轨等鞫之，义府恐事泄，逼正义自缢于狱中。[3]

在此案中，毕正义系受李义府之请托而枉法裁判。而关于毕正义之死因，无论其是因畏惧案发被治罪而自杀，抑或受到李义府的威胁而在狱中自杀，还是被李义府杀死在狱中而对外谎称自杀，或多或少都受到了李义府的威压。之后侍御史王义方弹劾李义府与此事有关，有"义府于辇毂之下，擅杀六品寺丞；就云正义自杀，亦由畏义府威，杀身以灭口"[4]之语也可佐证。毕正义作为此事的关键证人，一旦死亡，李义府究竟在其中发挥了什么作用便难以证实，有关的弹劾也就难以成立。况且李义府彼时正是高宗的亲臣[5]，王义方上书奏弹之后不仅没有撼动李义府的地位，反而被高宗贬为莱州司户。综上所述，毕正义之死，是李义府保全自身政治地位的结果。

三、大理评事

（一）职官源流与职权范围

大理评事一职源于汉宣帝时期于廷尉所置之左、右平，后汉光武帝省

---

[1]（后晋）刘昫等撰：《旧唐书》，中华书局 1975 年版，第 2767 页。
[2]（宋）欧阳修、宋祁撰：《新唐书》，中华书局 1975 年版，第 6340 页。
[3]（宋）司马光编著：《资治通鉴》，中华书局 1956 年版，第 6298 页。
[4]（宋）司马光编著：《资治通鉴》，中华书局 1956 年版，第 6298 页。
[5] 孟宪实：《略论李义府》，载《乾陵文化研究》2012 年第 0 期。

去右平，唯余左平一人。魏晋以来，只以廷尉评称，至开皇三年罢。隋炀帝时重置评事四十八人，后废。至贞观二十二年，褚遂良奏重法官，始复设大理评事十员，后来又扩为十二员。[1]根据前示大理寺之体制架构，大理评事位居中下层，其主要职务是出使地方，审理特殊案件，"掌出使推按"。[2]两唐书及《资治通鉴》所载实例也与此相合。除出使审案外，仍有大理评事参加律令修撰之例。兹举数例如下：

1. 出使推按

（1）万国俊

然则天严于用刑，属徐敬业作乱，及豫、博兵起之后，恐人心动摇，欲以威制天下，渐引酷吏，务令深文，以案刑狱。长寿年有上封事言岭表流人有阴谋逆者，乃遣司刑评事万国俊摄监察御史就案之，若得反状，斩决。[3]

此例正值武后当政期间，大理寺改名为详刑寺，故大理评事亦更名为详刑评事。万国俊作为武周当政期间的酷吏之一，与来俊臣同作《罗织经》，屠杀朝中显贵，在朝中大兴狱案，是武后实施酷吏统治的有力帮手之一。[4]面对岭南流人谋反一事，武后派遣其前往岭南调查，一方面固然有使用亲臣便于办事的考虑，而另一方面，大理评事出使推按的职权与本例中出使调查一事亦有关联，这也应是武后考虑的重要因素之一。

（2）敬昭道

延和中，沂州人有反者，诖误坐者四百余人，将隶于司农，未即路，

---

〔1〕 （唐）杜佑撰：《通典》，浙江古籍出版社 1988 年版，第 152 页。

〔2〕 （唐）李林甫等撰：《唐六典》，中华书局 1992 年版，第 503 页。

〔3〕 （后晋）刘昫等撰：《旧唐书》，中华书局 1975 年版，第 2143 页。

〔4〕 （后晋）刘昫等撰：《旧唐书》，中华书局 1975 年版，第 4845 页。

系州狱。大理评事敬昭道援赦文刊而免之。[1]

敬昭道作为大理评事，前往沂州推按谋反案，援引赦文免除误被牵连的四百多人之罪。

（3）魏揩

肇自弘文馆明经登第，解褐曲沃尉。再任尉于安邑。君既罢梅福之秩，嘉声传于流俗。寻遇税监使、职方郎中冯公兴，知君干盬，举不失德，特荐授大理评事，充当使巡覆。[2]

魏揩以大理评事之职充使巡覆地方多年，"奉职尽诚，恭勤所务。昼夜弥谨，去私徇公"，亦可佐证出使地方推按为大理评事之主要职务。

（4）宋庆礼

宋庆礼，洺州永年人。举明经，授卫县尉。则天时，侍御史桓彦范受诏于河北断塞居庸、岳岭、五回等路，以备突厥，特召庆礼以谋其事。庆礼雅有方略，彦范甚礼之。寻迁大理评事，仍充岭南采访使。[3]

值得注意的是，在魏揩和宋庆礼两例中，任职者在履职过程中皆带有与出使地方推按的职能相关的使职，这也正反映出随着时间推移，大理评事这一官职的流变趋势：从唐初单以大理评事之官出使地方，逐渐过渡到兼带有类似功能之使职。此外，大理评事除单独出使地方推按外，也常与刑部、御史台有关官员组成三司出使地方、审理要案，这涉及唐朝"三司推事"这一重要司法制度，具体例证与论述详后。

---

〔1〕（唐）刘肃等撰：《大唐新语》，上海古籍出版社 2012 年版，第 36 页。
〔2〕《唐故大理评事魏府君墓志铭并序》。
〔3〕（后晋）刘昫等撰：《旧唐书》，中华书局 1975 年版，第 4814 页。

2. 参与修书立法

(1) 咸廙业

《六典》三十卷(开元十年,起居舍人陆坚被诏集贤院修"六典",玄宗手写六条,曰理典、教典、礼典、政典、刑典、事典。张说知院,委徐坚,经岁无规制,乃命毋煚、余钦、咸廙业、孙季良、韦述参撰。……)[1]

开元初,迁监察御史,坐事流岳州。召还复官,与秘书少监贺知章、校书郎孙季良、大理评事咸廙业入集贤院修撰。[2]

(2) 张名播

删定官大理寺丞陈义海、右卫长史张处斌、大理评事张名播、左卫率府仓曹参军罗思贞、刑部主事阎义颙凡十人,删定格、式、律、令。太极元年二月奏上,名为《太极格》。[3]

(二) 任职前的迁转经历

本表以《旧唐书》为基础,核以《新唐书》及《资治通鉴》,暂略任官职历语焉不详者,共得大理评事 34 位。

〔1〕 (宋) 欧阳修、宋祁撰:《新唐书》,中华书局 1975 年版,第 1477 页。
〔2〕 (宋) 欧阳修、宋祁撰:《新唐书》,中华书局 1975 年版,第 5702 页。
〔3〕 (后晋) 刘昫等撰:《旧唐书》,中华书局 1975 年版,第 2149 页。

表 3 唐代大理评事历任者情况表

序号	任职者姓名	入官时间	途径	迁转路径	史料来源
1	许枢	670（约）	明法	详刑评事→大理丞→洛州（三府之一）巩县令……	《大周故正议大夫使持节都督嵩州诸军事守嵩州刺史上柱国高阳县开国男许君墓志铭并序》
2	万国俊	690（约）	未考	司刑评事→判官→右台监察御史→朝散大夫＋肃政台侍御史……	《旧唐书》186/4846
3	崔景晊	699（约）	明经	梁州南郑县尉→蜀州晋原县尉→大理评事……	《旧唐书》108/3279，《唐赠太子少师崔公神道碑》
4	宋庆礼	则天时	明经	卫县尉→岭南采访使＋大理评事→贝州刺史＋河北支度营田使……	《旧唐书》185/4814
5	敬昭道	712	孝廉	州武兴县主簿→怀州获嘉县尉→洛州王屋主簿→大理评事监察御史殿中侍御史汴州尉氏县令朝散大夫＋太子舍人	《唐故太子舍人敬府君墓志铭并序》
6	赵晔	开元中	进士，擢科第	太子正字→（累授）大理评事……	《旧唐书》187/4906
7	卢杞	735（约）	荫补	清道率府兵曹→朔方节度使幕府掌书记＋大理评事（试衔）＋监察御史（宪衔）……	《旧唐书》135/3713

表3 唐代大理评事历任者情况表　　　　　　续表

序号	任职者姓名	入官时间	途径	迁转路径	史料来源
8	魏措	未考	弘文馆明经	曲沃尉→安邑尉→大理评事（充当使巡覆）……	《唐故大理评事魏府君墓志铭并序》
9	韦伦	天宝末	荫补	蓝田县尉→铸钱内作使判官→大理评事→剑南节度行军司马＋监察御史……	《旧唐书》138/3780
10	李承	天宝中	明经	（累至）大理评事→河南采访使判官→（陷贼庭）贬为抚州临川尉（江西抚州）	《旧唐书》115/3379
11	畅璀	天宝末	进士	（三迁）大理评事→从事（郭子仪幕下）……	《旧唐书》111/3332
12	元载	750（约）	制举	邠州新平尉→黔中判官→大理评事→东都判官＋大理司直（试衔）……	《旧唐书》118/3409
13	李芃	750（约）	未考	上邽主簿→山南东道观察使＋大理评事（试衔）＋监察御史（宪衔）→长安尉→判官＋秘书郎＋监察御史（宪衔）……	《旧唐书》132/3654，《新唐书》147/4756
14	张镒	755（约）	荫补	左卫兵曹参军→元帅府判官→大理评事→殿中侍御史→判官＋殿中侍御史（宪衔）……	《旧唐书》125/3545

表3 唐代大理评事历任者情况表　　　　续表

序号	细项 任职者 姓名	入官时间	途径	迁转路径	史料来源
15	穆宁	756	明经	盐山尉→采访支使+大理评事（试衔）……	《旧唐书》155/4113
16	权皋	757（约）	进士	贝州临清尉→蓟县尉→判官（高适府下）+大理评事（试衔）……	《旧唐书》148/4001
17	马炫	757	未考	（由李光弼辟为）掌书记+大理评事（试衔）+监察御史（宪衔）……	《旧唐书》134/3689
18	刘乃	未考	进士	剡县尉→会稽尉→判官（本官）+大理评事（试衔）+监察御史（宪衔）→巡覆江西→浙西留后+殿中侍御史（宪衔）+仓部员外，民部郎中（试衔）……	《旧唐书》153/4083
19	宇文审	未考	进士	（累迁）大理评事→岭南监决处置使（使职）→和、永二州刺史	《新唐书》134/4560
20	张建封	770（约）	未考	征辟为参谋→左清道兵曹（辞去）→（令狐彰辟之）主管漕务+大理评事（试衔）……	《旧唐书》140/3828，《新唐书》158/4939
21	吴通玄	770（约）	童子举	秘书正字→左骁卫兵曹→大理评事→（贤良方正科乙第→制举）→同州司户→京兆户曹	《旧唐书》190/5057

表 3 唐代大理评事历任者情况表　　　　　续表

序号	任职者姓名	入官时间	途径	迁转路径	史料来源
22	郑珣瑜	大历中	制举	（讽谏主文科）大理评事→阳翟丞→（书判拔萃科）万年尉……	《新唐书》165/5064
23	李元平	780（约）	宗室之子	湖南观察使萧复判官+大理评事（试衔）……	《旧唐书》130/3629
24	韩弘	800（约）	依其舅得官	州掾+大理评事（试衔）→宋州南城将→宣武军都知兵马使+大理评事（试衔）……	《旧唐书》156/4134
25	崔损	785（约）	进士+博学鸿词科	秘书省校书郎→咸阳尉→（避亲贤）大理评事……	《旧唐书》136/3755，《新唐书》167/5109，《登科记考》11
26	孔戡	德宗后期	进士	金吾卫录事（/修武尉?）→佐李长荣节度+大理评事（试）……	《旧唐书》154/4096，《新唐书》163/5012，《唐朝散大夫赠司勋员外郎孔君墓志铭》
27	于敖	800（约）	进士	秘书省校书郎→从事（湖南观察使）→地方幕府任职+协律郎、大理评事、（试衔）监察御史（宪衔）→监察御史（本官）→殿中侍御史→仓部员外、司勋员外→万年令→右司郎中→出为商州刺史	《旧唐书》149/4009

表3 唐代大理评事历任者情况表　　　　　　　续表

序号	任职者姓名	入官时间	途径	迁转路径	史料来源
28	杨元卿	800（约）	未考	（由吴少诚）辟为从事＋大理评事（试衔）……	《旧唐书》161/4228
29	冯定	815（约）	进士	薛平幕→校书郎→集贤校理＋鄠县尉→（降为）大理评事→太常博士→祠部员外郎……	《旧唐书》168/4390，《登科记考》15
30	李德裕	816	非科举出身	诸府从事→太原掌书记＋大理评事（试衔）【升为殿中侍御史（宪衔）】→监察御史……	《旧唐书》174/4509
31	杨假	820（约）	进士	华州从事＋大理评事（试衔）→监察御史→侍御史……	《旧唐书》177/4579
32	白敏中	821	进士	三府节度掌书记＋大理评事（试衔）→殿中侍御史（东都）→户部员外郎（长安）……	《旧唐书》166/4358
33	杜牧	830	进士及第+制举乙第	弘文馆校书郎→左武卫兵曹参军→宣州幕府从事＋大理评事（试衔）→淮南节度推官+监察御史（虚职）……	《旧唐书》147/3986，《张好好诗》
34	王徽	860（约）	进士	秘书省校书郎→巡官→参佐（辅助徐商领盐铁）→宣武、淮南	《旧唐书》178/4639

表3 唐代大理评事历任者情况表　　　　　　续表

序号	任职者姓名 细项	入官时间	途径	迁转路径	史料来源
				两镇掌书记→大理评事→左拾遗……	

据上表可知：

第一，本表反映出了大理评事的"试衔化"，也折射出唐代职官阶官化的流变。试衔即官员所带虚衔，而非本官；而职官之阶官化，则与使职体系的建立与兴起有关，主要表现为使职所带的职事官往往与其实际事务无关，仅仅用作表示身份地位与迁转阶序之用，职事官与阶官意义逐渐趋同。[1]自开元中始，史书有关大理评事的记载即开始以"试衔"的形式出现，越来越少出现关于真任大理评事或履行司法事务的类似记载，安史之乱以后，大理评事出使地方按狱的事例再无见载，表中所梳理的所有任官者大多以大理评事为试衔，仅有如王徽、冯定、郑珣瑜者仍任大理评事之本职。这也是整个唐代中后期职官之阶官化的一个例证。

第二，大理评事在官员释褐迁转的经历中相对靠前，作为释褐官如许枢者较为少见，更多是作为第三、第四任官任职。在任大理评事之前，他们多为县尉、主簿等中低层地方官，少有在朝为官者。而试衔化之后的大理评事则更为易得，常见以掌书记、主簿等官释褐后即加大理评事为试衔者。此外，综考他们的任官经历，既少见以校书郎、拾遗等美官起家者，亦少见至高位者，或可佐证大理评事并非中层文官中清要显贵、易得提拔之官。

---

〔1〕有关"试衔"和"职官阶官化"的相关研究，可参考阎步克：《"品位—职位"视角中的传统官阶制五期演化》，载《历史研究》2001年第2期；张飘：《再论唐代的检校官——兼论职事官的阶官化》，载《唐史论丛》2020年第1期；赖瑞和：《论唐代的州县"摄"官》，载《唐史论丛》2007年第0期。

（三）大理评事与三司推事

德宗年间的卢南史案，是大理评事与三司推事制度的重要例证。史料记载如下：

先是，侍御史卢南史坐事贬信州员外司马，至郡，准例得厅吏一人，每月请纸笔钱，前后五年，计钱一千贯。南史以官闲冗，放吏归，纳其纸笔钱六十余千。刺史姚骥劾奏南史，以为赃，又劾南史买铅烧黄丹。德宗遣监察御史郑楚相、刑部员外郎裴澥、大理评事陈正仪充三司使，同往按鞫。将行，并召于延英，谓之曰："卿等必须详审，无令漏罪衔冤。"三人将退，裴澥独留，奏曰："……伏以陛下自登宝位，及天宝、大历以来，未曾降三司使至江南；今忽录此小事，令三司使往，非唯损耗州县，亦恐远处闻之，各怀忧惧。臣闻开元中张九龄为五岭按察使，有录事参军告龄非法，朝廷止令大理评事往按。〔1〕

有关三司推事之制，王宏治《唐代司法中的三司》及刘后滨《唐代司法"三司"考析》两文已有详细论述。〔2〕概而言之，由御史台、给事中与中书舍人相关的"三司受事"制度发轫于唐初；由刑部、御史台与大理寺官员组成的"三司推事"制度始于武后〔3〕，由《旧唐书》记载："凡国之大狱，三司详决，若刑名不当，轻重或失，则援法例退而裁之。"〔4〕可见三司推事制度大多适用于重案要案。

在三司推事中，针对审理案件的重要性质及涉及官员的官位高低的不

〔1〕（后晋）刘昫等撰：《旧唐书》，中华书局1975年版，第3761页。

〔2〕 王宏治：《唐代司法中的"三司"》，载《北京大学学报（哲学社会科学版）》1988年第4期；刘后滨：《唐代司法"三司"考析》，载《北京大学学报（哲学社会科学版）》1991年第2期。

〔3〕（唐）杜佑撰：《通典》，浙江古籍出版社1988年版，第144页。

〔4〕（后晋）刘昫等撰：《旧唐书》，中华书局1975年版，第1843页。

同，从三司中派遣的官员的等级也会不同。王宏治认为："一般来说，由刑部尚书或侍郎、大理卿或少卿、御史大夫或中丞组成的三司是最高级的，故称为'大三司使'；由刑部郎中、大理司直、侍御史组成的三司则次一级；最低为刑部员外郎、大理评事与监察御史组成的三司，后二者皆只称作'三司使'。"[1]《资治通鉴》记载了龙朔三年（663年）对李义府一案的处理，是三司推事制度的一则例证："下义府狱，遣司刑太常伯刘祥道与御史、详刑共鞫之，仍命司空李勣监焉。"[2]李义府此时任右相[3]，而高宗派遣司刑太常伯，也即刑部尚书审理，并由司空李勣监管，可以推测自御史台、详刑司（大理寺）所派遣的官员官级也不会低，这一例正可佐证所引王宏治的结论。

在卢南史一案中，卢南史仅为信州员外司马，刺史姚骥弹劾其受赃后，德宗派遣监察御史、刑部员外郎和大理评事组成三司使前往调查，但最终裴漼以"今忽录此小事"为由劝停。结合前述，本案中组成的三司使为三司推事制度中的最低一等，即使如此，相较于三司使正常的审理范围，卢南史的情况仍为"小事"；此外，如裴漼所言，一旦对卢南史一案适用三司使审理，将会"亦恐远处闻之，各怀忧惧"。综上，可以推测三司使不常设，而只针对重案要案设立。

此外，裴漼所言："臣闻开元中张九龄为五岭按察使，有录事参军告龄非法，朝廷止令大理评事往按。"可说明针对类似的地方官违法案件，前朝也"止令大理评事往按"而已，这也可以反映大理评事乃最常见的出使推按之官，此亦与大理评事之主要职权相互印证。

---

〔1〕 王宏治：《唐代司法中的"三司"》，载《北京大学学报（哲学社会科学版）》1988年第4期。

〔2〕 （宋）司马光编著：《资治通鉴》，中华书局1956年版，第6334页。

〔3〕 （后晋）刘昫等撰：《旧唐书》，中华书局1975年版，第2765页。

四、结论

在唐代前期，大理丞作为大理寺中的中层法官，共设六员，作为主要的审判人员发挥作用，并兼有修定律令格式、提供司法建议等功能。要担任该职，任职者一般需先从地方官如判佐、县尉、县丞等做起，历经四到六任的迁转才能担任，该官基本处于任职者迁转经历中较为居中的位置，且部分任官者的先前经历与司法有一定相关性。大理评事初设十二员，作负责出使推按的中下层法官，主要负责前往各地审理案件，亦有参与立法之例。大理评事在任官序列中则相对靠前，一般任职者经过一到两任县尉、主簿等地方文官后即可任职，而在安史之乱之后随着大理评事的试衔化，常见以掌书记、主簿等官释褐后即加大理评事为试衔者，此官也变得更为易得。

安史之乱以降，高效的使职系统逐渐夺取了原本以尚书省为中心的行政体制的诸多职权，中央日渐孱弱而地方藩镇兴起，在此背景之下，许多原有的官职逐渐演变为试衔，职官之阶官化也逐渐明显[1]。大理评事一职从单独任用，逐渐过渡至出使地方时兼带相关的使职，最后演变为一种常见的试衔，这即是该趋势最明显的体现之一。

发生在德宗时期的卢南史一案，是较为少见的以大理评事作职官的史例，为"三司推事"制度的适用提供了具体的描述，并借时人之口道出了三司推事制度的适用对象之要，适用影响之大，及大理评事仍是最常见的出使地方审案之官，为大理评事的具体工作提供了一例实证。

---

〔1〕 严耕望：《论唐代尚书省之职权与地位》，载严耕望：《严耕望史学论文选集》，中华书局 2006 年版，第 427 页。

参考文献

参考书目：

[1]（唐）李林甫等撰：《唐六典》，中华书局 1992 年版。

[2]（唐）杜佑撰：《通典》，浙江古籍出版社 1988 年版。

[3]（后晋）刘昫等撰：《旧唐书》，中华书局 1975 年版。

[4]（宋）王溥撰：《唐会要》，上海古籍出版社 1991 年版。

[5]（宋）欧阳修、宋祁撰：《新唐书》，中华书局 1975 年版。

[6]（北宋）王钦若等编：《册府元龟》，中华书局 1960 年版。

[7]（宋）司马光编著：《资治通鉴》，中华书局 1956 年版。

[8] 王素：《三省制略论》，齐鲁书社 1986 年版。

[9] 张国刚：《唐代官制》，三秦出版社 1987 年版。

[10] 白钢主编：《中国政治制度通史·第五卷　隋唐五代》，人民出版社 1996 年版。

[11] 张晋藩总主编：《中国法制通史》，法律出版社 1999 年版。

[12] 严耕望：《严耕望史学论文选集》，中华书局 2006 年版。

[13] 赖瑞和：《唐代基层文官》，中华书局 2008 年版。

[14] 赖瑞和：《唐代中层文官》，中华书局 2011 年版。

[15] 赖瑞和：《唐代高层文官》，中华书局 2017 年版。

[16] 谢元鲁：《唐代中央政权决策研究》，北京师范大学出版社 2020 年版。

参考论文：

[1] 陈仲安：《唐代的使职差遣制》，载《武汉大学学报（人文科学）》1963 年第 1 期。

[2] 楼劲：《唐代的尚书省—寺监体制及其行政机制》，载《兰州大学学报》1988 年第 2 期。

[3] 王宏治：《唐代司法中的"三司"》，载《北京大学学报（哲学社会科学版）》1988 年第 4 期。

[4] 刘后滨：《唐代司法"三司"考析》，载《北京大学学报（哲学社会科学版）》1991 年第 2 期。

[5] 石云涛：《唐代幕府辟署制之认识》，载《许昌师专学报》1997 年第 1 期。

[6] 宁志新：《唐朝使职若干问题研究》，载《历史研究》1999 年第 2 期。

［7］ 刘后滨：《安史之乱与唐代政治体制的演进》，载《中国史研究》1999 年第 2 期。

［8］ 刘后滨：《唐代中书门下体制下的三省机构与职权——兼论中古国家权力运作方式的转变》，载《历史研究》2001 年第 2 期。

［9］ 阎步克：《"品位—职位"视角中的传统官阶制五期演化》，载《历史研究》2001 年第 2 期。

［10］ 李军：《五代三司使考述》，载《人文杂志》2003 年第 5 期。

［11］ 刘后滨：《唐后期使职行政体制的确立及其在唐宋制度变迁中的意义》，载《中国人民大学学报》2005 年第 6 期。

［12］ 赖瑞和：《论唐代的州县"摄"官》，载《唐史论丛》2007 年第 0 期。

［13］ 黄正建：《唐代的"起家"与"释褐"》，载《中国史研究》，2015 年第 1 期。

［14］ 张雨：《大理寺与唐代司法政务运行机制转型》，载《中国史研究》2016 年第 4 期。

［15］ 仇鹿鸣：《十余年来中古墓志整理与刊布情况述评》，载《唐宋历史评论》2018 年第 0 期。

［16］ 张雨：《司法，还是政务？——唐代司法政务运行机制研究相关问题述评》，载《唐宋历史评论》2019 年第 2 期。

［17］ 张飘：《再论唐代的检校官——兼论职事官的阶官化》，载《唐史论丛》2020 年第 1 期。

［18］ 王伟：《文本策略与家族心性：高阳原新见韦维、韦虚心父子墓志考论》，载《深圳大学学报（人文社会科学版）》2020 年第 5 期。

公司高管违反勤勉义务的判断规则

——以司法实践为中心

夏菱儿

摘　要：《公司法》第147条第2款规定高级管理人员对公司负有忠实义务和勤勉义务，但却并未明确其具体内涵。我国学界认为勤勉义务是指公司管理者在履行职责时，必须尽到合理的注意义务并慎重勤勉地管理公司事务。从域外经验看，不论高管和公司之间是大陆法系的委托代理关系还是英美法系的信托关系，信义义务主要包括注意义务和忠实义务。我国学界一般认为注意义务即善管义务在我国法上的表述就是勤勉义务，但二者的内涵区别尚不明晰。通说认为判断勤勉义务违反时需要证明高管的故意和重大过失，勤勉义务的注意标准高于诚实信用原则。但"法律的生命在于经验而非逻辑"，目光往返流转于实践与理论之间，以我国司法实践为中心探究高管违反勤勉义务实有必要。

关键词：勤勉义务；高级管理人员；司法实践；注意义务

The Judgement Rule of Corporate Top Managers' Violation of Duty of Diligence—Judicial Practice at the Center

Abstract：Article 147 of the Company Law provides that corporate top managers have a duty of loyalty and diligence to the company, but its specific meaning is not clear. Chinese scholars think that the duty of diligence means that when the company managers perform their duties, they must fulfill their reasonable duty of care and manage the company affairs carefully and diligently. From foreign experience, whether between managers and companies is the principal-agent relationship of civil law system or the trust relationship of common law system, the fiduciary duty mainly includes the duty of care and the duty of loyalty. Chinese scholars generally think that the duty of attention, that is, the duty of good management, is the duty of diligence, but the connotation of the difference between the two is not clear. General said that the duty of diligence to judge violations need to prove the manager's intentional and gross negligence. Duty of diligence's standard is above the principle of good faith. But "the life of law doesn't lies in logic, but experience", and it is necessary to look back and forth between practice and theory, and to explore the violation of duty of diligence by top managers with the judicial practice as the center.

Keyword: Duty of Diligence　Corporate Top Manager　Judicial Practice Duty of Care

法律中概念的空白、模糊等，有时是立法时难以取舍的制度安排和远见智慧，以保持弹性与开放性、适应性[1]。只有对生活事实长期观察归纳，充分感知具象才有可能抽象总结为体系化的经验事实表述[2]。勤勉义务本身就无法进行类型化归纳，其是开放性的，对公司董事、监事、高管的一般要求，不可能也做不到穷尽式列举。但仅仅"勤勉义务"四字实会

[1] 参见蒋集跃、杨永华：《司法解释的缺陷及其补救——兼谈中国式判例制度的建构》，载《法学》2003年第10期。
[2] 陈甦：《司法解释的建构理念分析——以商事司法解释为例》，载《法学研究》2012年第2期。

给司法实践带来困惑，如最高院审理的"甘肃省地质矿产勘查开发局第一地质矿产勘查院、刘柏妨损害公司利益责任纠纷案"[1]与"山东海之杰纺织有限公司、艾哈迈德·盖博损害公司利益责任纠纷案"[2]就存在"客观上不存在不得为的行为或关联人得利的行为"与"合理的善良管理人的谨慎细心"之差，典型案例的评析也存在"争鸣探讨"[3]。唯有司法实践在个案中具有约束力，因此有必要考察我国高管违反勤勉义务的行为类型，不为穷尽只为明晰。指导案例、理论学说与司法个案适用说理之间是何关系？如何互动？这需要借助实证研究，用司法实践反思制度和学说供给。

故本文通过对各地法院 76 份公司高管违反勤勉义务诉讼的裁决样本进行统计分析，分类检验与评估这类诉讼的争议焦点与说理，观察缺少定义的法律文本在个案中得到实现的过程，寻找理论与司法互动的痕迹，以期厘清勤勉义务在我国的演变脉络。

一、实证样本[4]概览：统计与趋势

（一）数据来源与研究方法

根据《公司法》第 151 条、第 152 条的规定，一般符合条件的股东可以按照顺序书面申请监事会或董事会代表公司提起诉讼。如果董事会、监事会怠于履行，股东可以提起股东代表诉讼。本文关于近 20 年来公司高管违反勤勉义务诉讼的实证数据来源有四：一是"中国裁判文书网"，其中以"公司高管""勤勉义务"为关键词检索得出裁决计 816 个；二是"北大法

---

[1]　（2019）最高法民申 4427 号裁定书。

[2]　（2020）最高法民申 640 号裁定书。

[3]　参见翁贞、朱敏：《公司高级管理人员违反勤勉义务的司法认定》，载《人民司法》2013 年第 6 期；何琼、史久瑜：《董事违反勤勉义务的判断标准及证明责任分配》，载《人民司法》2009 年第 14 期。

[4]　本文所选取的样本包括判决结案的和裁定结案的，以下对所选取的数据统称"样本"。

意数据库"，以"公司高管""勤勉义务"为关键词检索得出裁决计 858 个；
三是最高人民法院主管或参编的《中国审判案例要览》《人民法院报》《人
民法院案例选》刊载的审判法官撰写的具有完整案情、结果和评述的真实
案例共 18 个[1]；四是最高人民法院、最高人民检察院发布的典型案例 1
个和省高级人民法院和省高级人民检察院发布的典型案例 5 个。上述裁决样
本，剔除了劳动合同纠纷（如劳动者的竞业禁止义务）、纯粹违反忠诚义务
无涉勤勉义务作为裁判规则（如竞业禁止或侵夺公司机会）[2]、内容空白、
重复和没有任何证据支持者，共得有效样本 380 件，时间跨度近 20 年。

　　理论上实证研究最好随机抽样，但严格的随机抽样对本次研究不具备
可操作性，故只得对最终保留的案例抽样时增加随机性[3]。从数学理论
上，只要总体数据和样本数据够大，亦能得到较科学的统计结果[4]。笔者
从 380 件总体中抽出 76 件样本[5]，对该 76 件样本进行筛选、统计、描述
并结合典型案例展开深入分析。描述统计主要是为了获得对样本裁决情况
和高管违反勤勉义务的行为类型的直观认识，深入分析个案的方法则是围
绕典型问题和清晰明确的说理规则详细探究法官的裁判逻辑，尤其是针对
当事人的回应，以期发现隐藏在其中的裁判趋势[6]。但数据只是统计学的

---

　　〔1〕　其中，《中国审判案例要览》6 篇；《人民法院报》1 篇；《人民法院案例选》11 篇。
一线审案法官撰写的案例评析与适用段落有助于我们从中理解法官审理此类案件的立场与疑
惑。
　　〔2〕　这一步主要是把未将勤勉义务作为裁判规则的排除出去。如果文书中将"勤勉义
务"作为了裁定和判决的说理，笔者就予以保留。至于是否正确则在后文随机抽样结束之后
再单独统计适用错误和混合动机同时违反忠诚勤勉义务的类型。
　　〔3〕　参见何海波：《法学论文写作》，北京大学出版社 2014 年版，第 53 页。
　　〔4〕　参见李建伟：《股东知情权诉讼研究》，载《中国法学》2013 年第 2 期。
　　〔5〕　本文的抽样方法为：将 380 份判决书样本打散后在 Excel 表格中连续编号，运用等
距抽样法，以第 3 个判决书样本为起点，令抽样距离为 5，即每隔 5 个抽取 1 个样本，总共抽
取 76 个样本。
　　〔6〕　笔者分析后得出的结果能够看出一些趋势，但不敢言之规律，且其中法官未必严格
遵循所谓"规律"。没有法律和司法解释具体指引时，法官自由裁量空间较大，司法实践尚处
于经验形成与总结阶段，但已逐步趋近成熟，故此处表述为"趋势"而非规律。

表面现象，真正目的是透过现象看本质，对数据做出商法学意义上的解读，故后文仍会结合理论与法官说理对样本的相关数据和趋势表述进行阐释。

（二）样本的描述统计

1. 原告的基本情况分析

（1）原告身份

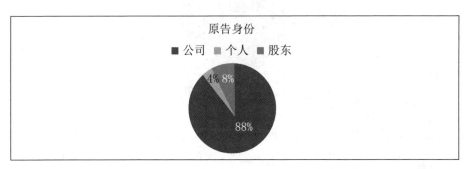

图1　原告身份

图1是对原告身份的统计结果，76件样本中，原告是公司的占88%，其中明确是由适格的董事、监事以公司为原告提起诉讼的共6件，约占7.8%。股东代表诉讼占8%。以法定代表人或董事、监事个人名义提起诉讼的占4%，均因主体不适格被裁定驳回。数据反映出仅有极少部分董事、监事、高级管理人员不了解公司诉讼的起诉条件。但股东直接诉讼（也即要求高管向自己承担连带或补充责任）在样本中并未出现，可能是由于抽样的随机性和样本容量导致，但也充分说明《最高人民法院关于适用〈公司法〉若干问题的规定（三）》（以下简称为"《公司法司法解释（三）》"）第13条、第14条第1款，很难由抽逃出资或未全面履行出资义务而使高管与受损股东间成立侵权关系。

（2）公司类型

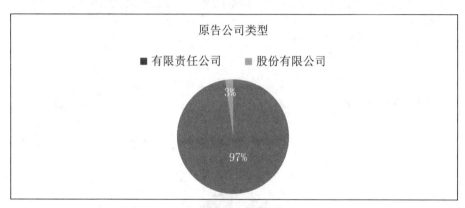

图 2　原告公司类型

　　因高管违反勤勉义务遭受损失而提起诉讼的原告公司中，有限责任公司占比97%，股份有限公司占比3%。这或许是因为股份有限公司的数量要少于有限责任公司，也与《北京市第一中级人民法院公司纠纷案件审判白皮书（2010—2019）》中的数据吻合。

　　2. 被告的基本情况分析

　　（1）被告身份类型

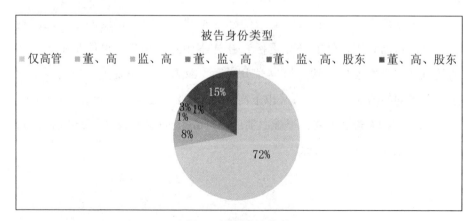

图 3　被告身份类型

图 3 是对被告身份的类型描述。在 76 件样本中，被告有部分高管身兼数职；也有部分是高管和股东、董事串通损害公司利益，多个被告；甚至还有一部分是身兼数职的高管们串通损害公司利益。也不乏有高管违反法律规定，兼任监事。从图表数据可见，存在相当一部分董事与高管、高管与股东的"双重角色"乃至"三重角色"。在兼任情形下，高管的勤勉义务在实践中和董事的勤勉义务高度重合，部分被吸收，要厘清义务边界实在困难。被告仅在公司担任高管一职的数量为 55，占比为 72%，因高管的勤勉义务和董事、监事的勤勉义务有所不同，为了明确研究对象和效用，笔者后文主要针对被告为公司高管的情形作出分析。否则情况过于复杂，因能力所限，难以深入。

3. 审理与裁决的基本情况分析

（1）法院审级

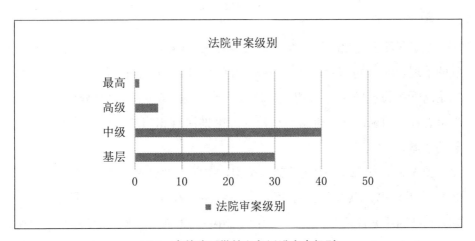

图 4 高管违反勤勉义务诉讼审案级别

图 4 显示，裁决[1]多由中级法院作出，共 40 个案件，占比约 52.6%。这说明多数案件会被上诉到二审，因大部分案件的标的额不大，仅为几万

---

[1] 合并只计最高审级，如二审不计一审。

元至十几万元，故一审往往在基层法院进行，如果当事人之间利益冲突不激烈，完全可以一审终裁或调解结案。由此推论出当事人之间的利益冲突较为激烈，也符合北京三中院的数据[1]。

（2）裁判类型

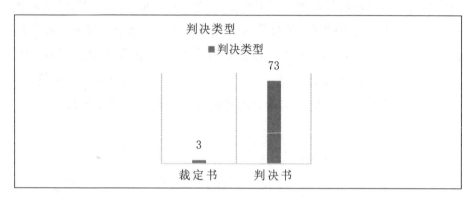

图5　结案方式

一定程度上，裁决的类型一般可以体现当事人之间的利益状态以及法院的审理态度[2]。各级法院普遍推行诉源治理，将纠纷化解在诉前，因此推论高管和公司的关系密切，应该有回旋余地，应当出现部分调解情形。但笔者样本的统计分析得出的结论与理论推演有相当的差距，并未出现调解的情形。

图5显示了审结并生效的裁判类型，作出"判决书"的达73件，占比96%；"裁定书"共3件，占比4%。该结果也和《北京市第一中级人民法院公司类纠纷案件审判白皮书（2010-2019）》与《广州法院审理与公司有关的纠纷审判白皮书（2017-2019）》的数据吻合，说明当事人双方利益冲

---

[1]　参见北京市第三中级人民法院民三庭编：《北京市第三中级人民法院公司类纠纷审判白皮书（2013-2020）》，载 https://www.pkulaw.com/whitebook/b77614b86ba1981a92804092 fb02e35ebdfb.html? keyword=北京市第三中级人民法院公司类纠纷审判白皮书 &way=listView，最后访问日期：2023年5月18日。

[2]　李建伟：《股东知情权诉讼研究》，载《中国法学》2013年第2期。

突尖锐，矛盾不可调和性突出。可能因为商主体风险承受能力较高，法律人士广泛参与，利益格局较为清晰，各方对结果预期较准确，且冲突各方前期未能协商化解说明彼此失去信任或涉案标的较大、关系复杂等多种因素导致调解存在巨大困难。

（三）小结

上述关于样本的梳理分析结果，支持了以上多数的学理判断，如管理制度不完善、不作为违反勤勉义务等懈怠行为常态；也显示了部分法条较少得到适用，如《公司法司法解释（三）》第 13 条、第 14 条第 1 款股东直接诉讼要求高管未履行忠诚、勤勉义务"协助抽逃出资"时对公司承担连带责任。根据《公司法司法解释（三）》第 27 条第 2 款，对未及时办理变更股东登记有过错的高管，受让股东可以要求其承担相应责任，实际上扩大了高管的勤勉义务范围，对股东的勤勉义务也可以由此推导出来。

《公司法司法解释（三）》第 27 条第 2 款从逻辑上弥补了《公司法》规定的不足，从民法侵权责任的一般理论出发，违反以保护他人为目的的法律也可以成为侵权责任的对象，故《公司法司法解释（三）》第 27 条第 2 款和《最高人民法院关于适用〈公司法〉若干问题的规定（四）》（以下简称为"《公司法司法解释（四）》"）第 12 条[1]暗示勤勉义务的对象或许不仅是《公司法》第 147 条第 2 款规定的"公司"，否则不会因为没有对公司履行勤勉义务而对股东承担责任。应该认为未对公司履行的勤勉义务其实同时也违反了对股东的保护，才有可能得出侵权责任成立的结论。

---

　　[1]《公司法司法解释（四）》第 12 条规定，"公司董事、高级管理人员等未依法履行职责，导致公司未依法制作或者保存公司法第 33 条、第 97 条规定的公司文件材料，给股东造成损失，股东依法请求负有相应责任的公司董事、高级管理人员承担民事赔偿责任的，人民法院应当予以支持。"

二、类型化：公司高管违反勤勉义务的行为类型分析

笔者将从样本里剔除同时违反忠实义务和法院适用错误的案例，筛选出公司高管违反勤勉义务的行为类型，并在后文结合典型案例，对具体违反勤勉义务的行为分类讨论。

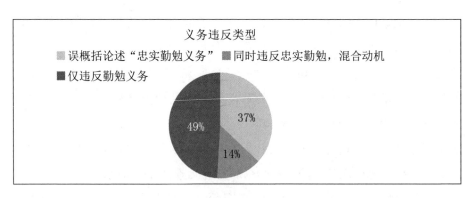

图 6　被告违反义务的类型

（一）误用"忠实勤勉义务"

在法院将勤勉义务作为裁判规则或明确指出"违反忠诚勤勉义务"的案件中，概括论述忠诚勤勉义务但实际上仅违反忠诚义务的案件达 37%。比如被告仅是篡夺公司机会、竞业禁止、侵占挪用公司资产，法院或许为了说理更充分，认为一并违反"忠实勤勉义务"或表述为"违反了公司法要求的忠实义务和勤勉义务"〔1〕。

但笔者认为此种做法不妥，属于画蛇添足，不利于司法实践的发展。应当严格对照案件事实，区分忠诚义务与勤勉义务，在属于《公司法》第148 条第 1 款明确列举的违反忠实义务的情况下，仅用忠实义务裁判已经足

---

〔1〕　参见（2015）东民二初字第 54 号判决书；（2019）渝 05 民终 7775 号判决书；（2018）云 01 民初 1542 号判决书。

够。不应在没有违反勤勉义务时也一并概括地使用"忠诚勤勉义务",此模棱两可的说法看似不出错,但会使本就不清晰的概念变得更加难以捉摸。

(二) 混合动机:同时违反忠实义务与勤勉义务

根据案例检索结果和《北京市第三中级人民法院公司类纠纷审判白皮书(2013-2020)》,对同一案件事实中数行为可能出于"既为公也为私"的混合动机,发生同时违反忠实义务和勤勉义务的情况,如费用报销公私不分[1],或报销时真假发票混用,还有并不必然损害公司利益的关联交易[2]或者同一案件中多个行为分别违反忠实义务与勤勉义务[3],计数得11件,占比14%,法院一般部分支持诉求。为提高研究成果的深度和可操作性,笔者后文主要选取违反勤勉义务而不违反忠实义务的情形进行分析。

(三) 仅违反勤勉义务

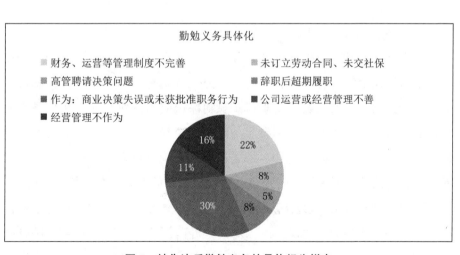

图7 被告违反勤勉义务的具体行为样态

---

[1] 参见 (2018) 苏 0612 民初 7034 号判决书。

[2] 参见 (2014) 沪高民二 (商) 申字第 139 号裁定书。

[3] 参见 (2020) 赣 09 民终 1057 号判决书。

在仅违反勤勉义务的情况中，笔者总结了原告诉称被告违反勤勉义务的行为样态，经过梳理得到图 7。

1. 财务管理制度不完善或未构建起有效的运营机制

此种情况占比 22%，共 8 件，法院往往驳回原告起诉。例如在"溧阳市恒久建设工程有限公司与杨琪损害公司利益责任纠纷案"[1]中，被告没有很好配合公司的应收应付账款的业务资料保管工作，但并不是由被告不当履职所造成，法院认为"究其实质，是原告公司内部治理问题，原告公司应制定诸如公章使用、业务资料保管、财务等公司管理制度并严格执行"，故不予采信原告诉称被告违反勤勉义务。法院明确"此类纠纷首先应推定高管已尽到勤勉义务，举证责任由公司承担。判断应当采取主观与客观相结合的标准或称为重大过失标准。本案被告只是在该汇总表注明结算金额无误，不能证明该表由被告保管制作。被告和公司应互相配合，不能证明被告全面负责原告公司的经营管理和被告对原告公司的相关业务资料负有保管之责。"

2. 高管聘请决策问题

笔者把"高管聘请决策问题"和"商业决策失误"2 种情况区分开来，因为前者往往牵涉到另一高管的忠实义务，且高管之间互相配合、关系密切，与纯粹商业决策失误受商业判断规则保护应当有所不同。高管聘请决策问题共有 2 件，例如在"林春熙与漳州鼎企蜂业有限公司、郑贵彬、刘航公司决议撤销纠纷案"[2]中，原告监事认为"继续高薪聘用履职出现严重过错、造成公司严重损失的张荣、林山的决议的实施对公司均极不公平，明显损害公司利益"，最终法院通过"违反《公司法》和公司章程对股东会议召集程序"支持撤销决议。在"刘云华诉芮门才损害股东利益责任纠纷案"[3]中，原告主张被告作为公司法定代表人兼总经理，另行任命总经理，

---

〔1〕 （2020）苏 04 民终 2833 号判决书。

〔2〕 （2020）闽 0629 民初 918 号判决书。

〔3〕 （2018）苏 0481 民初 650 号判决书。

自己不参与经营，导致被环保部门处罚，但最终因缺乏证据支持私自任命和与损害之间的因果关系被驳回起诉。

3. 商业决策

积极作为违反勤勉义务的情况占比30%，共11件，主要是在商业交易中决策失误或者未经批准履行了日常经营管理的职务行为。如"上海川流机电专用设备有限公司诉李鑫华案"[1]，被告总经理在项目洽谈时未签订书面合同，也不能提供任何书面证据证明违约，致使公司无法获得对价，公司要求总经理承担赔偿责任。法院最终支持原告诉求，认为被告没有为公司的最佳利益考虑，无视了经营风险。

4. 疏忽懈怠与超期履职

不作为违反勤勉义务的情况共6件，占16%，主要是怠于履职或拖延疏忽导致公司损失，如"宁波荣光国际贸易有限公司与邱旭东损害公司利益责任纠纷案"[2]就是未能及时催讨货款和理赔保险，法院认定证据不足且不具有因果关系而驳回。因能力不足或懈怠导致公司经营管理不善（如经营管理发生严重困难或破产）和辞职后超期履职的情况分别占比11%和8%，计数得4件与6件。需要注意的是[3]，对怠于履行监督股东出资义务的高管，法官已经意识到"应当根据董事怠于催缴、协助逃避出资、协助抽逃出资等不同情况而对其责任承担有所差别"[4]。

三、法院在意什么：裁判规则的归纳

勤勉义务要求高管积极作为，不能怠惰。经过对最高人民法院文书和

[1] 初审：（2009）闵民二（商）初字1724号判决书；二审维持原判：（2009）沪一中民三（商）终字第969号判决书。
[2] （2020）浙02民终2751号判决书。
[3] 因其身份仅为董事，不是高管，故样本中未纳入，但其行为类型值得注意。
[4] 参见（2018）最高法民再366号判决书。

评析案例[1]逻辑的梳理分析，笔者认为需要根据是否在高管职务范围内分为"履责义务"与"监督义务"[2]。监督义务的履行前提是知情，如果其对应当作为明知或有概括的认识，另加实施纯粹不作为行为，可以认定存在放任的故意。如果其出于不知心态而实施纯粹不作为行为，一般就需要检验不知的原因是否可以归责于他。归责原则就是是否属于"应当知道"，主要通过举证责任的分配和知晓的范围来衡量[3]。后者较难，高管在正常运营时都可基于善意信任不去主动"找茬"，但当引起合理怀疑时就转变为"知道或应当知道"。如果属于"应当知道"，但高管未作为，宜定性为重大过失，需其负责。

笔者拙见，最高法院审理案件暗含两套不同逻辑：①以传统民法侵权四要件——损害行为、损害结果、过错（故意或重大过失）、因果关系来认定勤勉义务的违反[4]，这主要是因为"损害公司利益纠纷"被归为侵权案由；②以商业判断规则来原则上推定没有违反忠实义务的高管应当受到保护，除非其具有故意或重大过失[5]。前者的逻辑是层层递进满足所有条件才追责，后者的逻辑是仅在特定条件才追责。但二者因对故意或重大过失负责达成了共识，所以适用结论几乎一致。

在前文对样本进行整体描述统计的基础上，下文结合从总体 380 件裁决中选取出的经典案例，逐一分析审理难点。

---

[1] 主要指各地主审法官在《人民司法》等最高法院机关刊物上撰写的案例与评述。

[2] 翁贞、朱敏：《公司高级管理人员违反勤勉义务的司法认定》，载《人民司法》2013 年第 6 期。

[3] 翁贞、朱敏：《公司高级管理人员违反勤勉义务的司法认定》，载《人民司法》2013 年第 6 期。

[4] 相关案例参见（2019）最高法民申 4427 号裁定书；（2020）最高法民终 152 号裁定书；（2018）最高法民终 664 号判决书。

[5] 相关案例参见（2017）最高法民终 417 号裁定书；翁贞、朱敏：《公司高级管理人员违反勤勉义务的司法认定》，载《人民司法》2013 年第 6 期。

（一） 高管[1]身份

身份是认定勤勉义务违反的前提。笔者认为在我国独任法定代表人制度下，法定代表人有权对外代表公司订立合同和开展日常经营活动，也属于高管范畴。具体而言，公司高级管理人员可能是一个单一的概念，也可能指代一个群体，对内执行公司日常事务，对外基于外观主义代表公司。实务中一般不支持把部门经理和项目经理作为"经理"，不过需要根据具体案情分析（如薪金和职权）。

（二） 是否属于勤勉义务的范围

实践中行为多种多样，法院对勤勉义务也存在不同理解。在"北京妙鼎矿泉水有限公司诉王东春案"[2]中，法院对勤勉义务所作界定如下："诚信地履行对公司的职责，尽到普通人在类似的情况和地位下谨慎的合理注意义务，为实现公司最大利益努力工作"就是尽到了勤勉义务，且"损失不是由于高级管理人员的故意或过失造成，而是由商业风险或其他外界因素所致的，则不能认为高级管理人员违反勤勉义务"。在《北京市第三中级人民法院公司类纠纷审判白皮书（2013-2020）》中记载的"某人力资源公司与吴某损害公司利益责任纠纷案"中，法院认为认定违反注意义务要求高管主观上具有故意或重大过失。只要高管在其内心对其行为尽到了适当、合理的注意义务，按照公司的日常运作模式发挥了管理作用，根据公司决策认真执行，并善意地相信公司其他人员的行为、意见以及提供的信息是真实可信的，其据此作出的行为符合公司利益的，即使存在一定过失，法

---

[1] 根据《公司法》第216条第1项规定，高管包括经理、副经理、财务负责人、董秘和公司章程规定的其他人员。学理界定公司高级管理人员一般是指经法律、章程或者董事会授权，由董事会聘任，对内执行日常经营管理等事务，对外代表公司的公司行政首脑或负责人。

[2] 北京市门头沟区人民法院（2009）门民初字第4号判决书。

院亦不宜对公司的内部行为过多干涉。只有结合案件的具体情况，根据主客观相结合的标准进行衡量，在显然属于重大过失、故意的情形下，才能直接认定高管违反忠实、勤勉义务，后一种观点与通说一致。且依权责一致原则，高管的注意义务高于一般人和一般员工的注意义务，就其管理职权而言属于特别注意义务。

经过多年争论，现"折中说"主客观相结合的标准逐渐被更多法院认可，在"四川宏润伟业农业开发有限公司与刘超损害公司利益责任纠纷案"[1]中，被告以技术入股担任执行总经理，虽然并未违背养殖规律也不存在严重不负责任的情形，但导致大闸蟹死亡，公司利益受损。一审法院认为"被告不存在逃避责任的恶意，也不能根据失败的后果而当然推定被告存在过错"，故认为没有违反勤勉义务的行为。二审法院认为养殖需要专业技术，虽不能确定具体原因，但根据生活经验，结果与被上诉人技术不成熟、经验不足具有高度盖然性。至少二审法院采纳了主客观相结合的标准。现大致趋势也是逐渐客观化。甚至有法院在裁判要旨中明确"应以客观标准为一般原则，兼顾个案正义为例外，结合具体案情在一般判断标准允许的范围内做出更妥当准确的结论"[2]。

在样本中出现5%监事违法兼任董事和高管的情形，根据通说因为义务冲突，必然有一个职能会成为手段，监事的监督职能就受到了怀疑，所以监事职能无效。法院认为"不得兼任的规定属于效力性强制性规定，如果同时任命两项职务，两项任命均无效。"所以在兼任的情况下判定其具备高管身份，此种观点可见于"上海川流机电专用设备有限公司与李鑫华与公司有关的纠纷上诉案"[3]。在高度人合性的小公司中，任命的程序也不重要，股东真实的意思表示和实际行使的职权可以补足形式上的缺陷，司法

---

[1]　(2020) 川 13 民终 3414 号判决书。
[2]　(2009) 闵民二（商）初字第 1724 号判决书；(2009) 沪一中民三（商）终字第 969 号判决书。
[3]　(2009) 沪一中民三（商）终字第 969 号判决书。

为保障公司有效运行，有条件地认可瑕疵决议的效力，避免因决议无效而使公司陷入经营僵局。

（三）公司的证明责任

证明责任的一般原理是"谁主张谁举证"[1]，所以法院一般将证明责任分配给公司；但当高管具备专业能力和技术时，注意义务升高的同时需要本人证明和损害后果没有因果关系，其若不能证明自己不存在过错，就应承担相应责任。[2]

但商事案件具有特殊性，尤其是公司内部人合性产生的纠纷，因我国奉行"民商合一"的立法体例，商法作为私法的特别法应当适用民事诉讼的一般规范，但法院也注意到具体个案公司各参与方的信息获取能力不一，多以证据不足驳回。尤其对于涉及公司的内部信息资料，诉讼各方更是存在天然的信息不对称性。如《北京市第一中级人民法院公司类纠纷案件审判白皮书（2010-2019）》写到"举证责任分配无法简单套用一般普通民事案件的分配标准，更需要裁判者结合法理、证据掌握情况、信息获取成本等因素综合判断，同时也带来了举证责任分配的难题。"因此需要法学理论与司法实践的共同研究探讨。

（四）违反勤勉义务的过失标准

违反勤勉义务主要是根据高管主观上存在的过失来判断。有观点认为勤勉义务是要求积极作为[3]，所以只能诉不作为的情形。笔者反对这一观点。在"山东海之杰纺织有限公司诉艾哈迈德·盖博损害公司利益责任纠纷

---

〔1〕 参见《民事诉讼法》第 67 条第 1 款 "当事人对自己提出的主张，有责任提供证据"。

〔2〕 参见（2020）川 13 民终 3414 号判决书。

〔3〕 刘殿葵：《公司经理人法律问题研究——对懈怠与滥权规制的法律本土化分析》，法律出版社 2008 年版，第 63 页。

案"〔1〕中，自主判断和决策就意味着作为，就需要受到保护。但对于不作为的情形却不需要商业判断的保护〔2〕，如"北京卓越华盛供热投资管理有限公司与张彦涛纠纷案"〔3〕和前述"某人力资源公司与吴某损害公司利益责任纠纷案"。法院一般根据处于相同情景下的合理普通的理性谨慎人标准，只要其没有为自己谋取利益，就受到商业判断规则的保护，仅对故意或重大过失负责，如"北京怡和百生科贸有限公司诉刘秋曼损害公司利益责任纠纷案"〔4〕。但如果对于高管的聘任是基于其专业能力，就会降低判断的标准，否则无法满足公司聘用时的合理信赖或另辟蹊径，言之"作出的其具备相应技术能力的承诺系虚伪表示，存在过错"〔5〕，与公司选任的过错适用民法的与有过失原则，酌定赔偿。

四、延伸与展望：判断公司高管违反勤勉义务的规则

（一）我国模式尚待完善

我国《公司法》有关勤勉义务的条款主要有二：一是第 149 条，二是第 147 条第 1 款。《上市公司治理准则》（第 4 条、第 21 条、第 53 条）〔6〕

---

〔1〕 （2020）最高法民申 640 号裁定书。

〔2〕 朱锦清：《公司法学》，清华大学出版社 2019 年版，第 592 页。

〔3〕 （2011）一中民终字第 14843 号判决书。

〔4〕 （2011）东民初字第 00883 号判决书。

〔5〕 （2020）川 13 民终 3414 号判决书。

〔6〕 《上市公司治理准则》第 4 条："上市公司股东、实际控制人、董事、监事、高级管理人员，应当依照法律、行政法规、部门规章、规范性文件（以下统称法律法规）和自律规则行使权利、履行义务，维护上市公司利益。董事、监事、高级管理人员应当持续学习，不断提高履职能力，忠实、勤勉、谨慎履职。"《上市公司治理准则》第 21 条："董事应当遵守法律法规及公司章程有关规定，忠实、勤勉、谨慎履职，并履行其作出的承诺。"《上市公司治理准则》第 53 条："上市公司应当在公司章程或者公司其他制度中明确高级管理人员的职责。高级管理人员应当遵守法律法规和公司章程，忠实、勤勉、谨慎地履行职责。"

《上市公司章程指引》（第98条、第125条）〔1〕和现已失效的《保险公司董事会运作指引》（第29条）〔2〕作为规范性文件，细化并进一步充实了勤勉义务的标准，但其不能实际也没有超越《公司法》的内容。

学理对于我国公司法的规定，颇有不满。从《公司法》第149条的文义解释出发，只要高管在形式上违反法律、行政法规、公司章程，给公司造成了损失，就应当承担严格的赔偿责任。但体系上却和《公司法》第112条第3款产生了矛盾〔3〕。因《公司法》第112条第3款增加2个限制条件——"且给公司造成严重损失的"和"未曾表明异议记载于会议记录的"。如果认为《公司法》第112条第3款是例外规定，《公司法》第149条是一般原则，将得出荒谬结论：董事决议造成一般损失，无需承担赔偿责任〔4〕。但如果违反的是监督注意，比如没有形成有效的监督体系，就需要承担严格的赔偿责任。高管身份没有变化，但责任标准与归责原则却完全不同，显失公平。

此外，违反法律法规或者公司章程与勤勉义务有何联系值得怀疑。这是两件事，违反法律法规或者公司章程不一定能得出董事就懈怠和失去责

---

〔1〕《上市公司章程指引》第98条："董事应当遵守法律、行政法规和本章程，对公司负有下列勤勉义务：（1）应谨慎、认真、勤勉地行使公司赋予的权利，以保证公司的商业行为符合国家法律、行政法规以及国家各项经济政策的要求，商业活动不超过营业执照规定的业务范围；（2）应公平对待所有股东；（3）及时了解公司业务经营管理状况；（4）应当对公司定期报告签署书面确认意见。保证公司所披露的信息真实、准确、完整；（5）应当如实向监事会提供有关情况和资料，不得妨碍监事会或者监事行使职权；（6）法律、行政法规、部门规章及本章程规定的其他勤勉义务。注释：公司可以根据具体情况，在章程中增加对本公司董事勤勉义务的要求。"《上市公司章程指引》第125条："本章程第95条关于不得担任董事的情形、同时适用于高级管理人员。本章程第97条关于董事的忠实义务和第98条第4项、第5项、第6项关于勤勉义务的规定，同时适用于高级管理人员。"

〔2〕《保险公司董事会运作指引》提出"保证有足够的时间和精力""持续关注公司经营管理状况"和"按时参加董事会会议"三个标准。

〔3〕因《公司法》第112条第3款规定的主体是"董事"，但高管的义务和赔偿责任在法律没有规定时都参照董事，故此处可见立法文义和精神产生矛盾。

〔4〕任自力：《公司董事的勤勉义务标准研究》，载《中国法学》2008年第6期。

任心，有时情况复杂多变，商业决策需要冒险精神。如果高管合理善意地收集了信息，在此基础上做出的决策是为了公司利益最大化，司法不宜使其承担赔偿责任。

另外，如果公司高管善意信任公司人员或律师、会计师等专业人员的建议，在因第三人的故意或过失而作出违反法律、行政法规或公司章程的决策经营并给公司造成损失时，一律要求高管承担赔偿责任是否合理？尽管司法实践多数立场也抛弃此类做法，但毕竟是对有疏漏的法律文本进行的体系内的努力，如"西南诚通物流有限公司、伍明松损害公司利益责任纠纷案"[1]，经理私自用印签订了对公司有利的合同，后来合同履行迟延。体系内的努力多依靠法官的自由裁量，自然容易导致尺度不一，同案不同判。

我国《公司法》未规定商业判断规则。但在审判实践中，法院的说理其实已经借鉴了域外经验，通常要区分导致公司损失的原因是董事、高管的过错行为，还是商业风险。如果是后者，法院一般不会归责于董事或高管。法院虽受理了数量相当的有关勤勉义务的案子，但多数限于形式审查董事和高管的行为是否违反法律法规、公司章程和其他具体的规定。在没有违反形式规定时，从实体上通过行为对勤勉义务进行界定的案件较少[2]。还有法院不适用商业判断规则的逻辑框架，认为"公司法中的勤勉义务与侵权法[3]中的注意义务相似"，故回归民法的诚实信用原则[4]。因立法只提供了"勤勉义务"的概念，需要法官自由裁量，裁量就需要参照的对象，因此了解域外作为司法本土化参照很有必要。

---

〔1〕 （2019）川01民终13252号判决书。

〔2〕 朱锦清：《公司法学》，清华大学出版社2019年版，第627页。

〔3〕 对于赔偿究竟是基于违约还是基于侵权，仍有争议。但司法实践中一般界定案由为"损害公司利益纠纷"，实际上也按照侵权的构成要件进行判断。参见何琼、史久瑜：《董事违反勤勉义务的判断标准及证明责任分配》，载《人民司法》2009年第14期。

〔4〕 参见（2007）慈民二初字第519号判决书。

(二) 域外经验可资借鉴

经学者归纳，勤勉义务在更多意义上是善管义务的下位概念[1]，注意义务的内涵共计有四种：商业判断规则、谨慎投资人标准、善良管理人的注意义务、诚实信用[2]。按照国别区分，商业判断规则和谨慎投资人标准来源于英美法系；善良管理人的注意义务和诚实信用来自德日大陆法系。

1. 英美法系

商业判断规则如前所述，不再赘述，是为了司法不"事后诸葛亮"地评判商业决策，鼓励进取精神和商业繁荣。其主要适用于公司领域[3]。

谨慎投资人标准适用于金融投资领域，要求受托人谨慎善意得像处理自己事务那样[4]。

但英美法系两个规则在学理和实践中也有争议，整体趋势是从严格到宽松的一般勤勉标准[5]，仅对故意或重大过失负责。英国交给法院判断是否减轻或免除责任，但美国更尊重公司自治，章程免责更加宽松[6]。

---

〔1〕 任自力：《公司董事的勤勉义务标准研究》，载《中国法学》2008 年第 6 期。

〔2〕 徐化耿：《信义义务的一般理论及其在中国法上的展开》，载《中外法学》2020 年第 6 期。

〔3〕 徐化耿：《信义义务的一般理论及其在中国法上的展开》，载《中外法学》2020 年第 6 期。1925 年的 Re Equitable Fire Insurance Co Ltd 一案中确定了经典的衡量董事勤勉义务的三大标准：(1) 公司董事在履行职务时，应以其现有知识和经验合理地来判断，不必要求其表现更高的技能水平；(2) 公司董事无需对公司事务予以持续性的关注。其职责具有间断性，可以定期地参加董事会会议以及偶尔参加董事委员会，但无需参加所有会议。(3) 除非有相反理由存在，公司董事亦可根据业务需要和公司章程规定，将其业务适当地委托其他高级管理人员，并有权相信他们会忠实地履行其职责。后来在司法实践中又出现了客观标准。

〔4〕 徐化耿：《信义义务的一般理论及其在中国法上的展开》，载《中外法学》2020 年第 6 期。

〔5〕 任自力：《公司董事的勤勉义务标准研究》，载《中国法学》2008 年第 6 期。

〔6〕 美国标准公司法（MBCA）section 8.30，section 8.31："a 董事会的每一个成员在履行董事的义务时应：(1) 善意；(2) 采用董事有合理的理由相信是符合公司最大利益的方式履行义务。b 董事会成员或董事会委员会的成员在了解与其履行决策职责有关的信息时、或者在履行其监督职责应谨慎履行其义务，应尽到一个处于相同位置的普通人在类似情形下所应具备的合理注意。"

2. 德日大陆法系

德国董事在处理公司事务时应具备普通谨慎之业务执行人或商人的注意，因此是一种主客观相结合的较高的专家注意义务[1]。

日本是一种折中的严格勤勉标准[2]，即善良管理人标准[3]。"善良管理人"来源于罗马法的"善良家父"。《日本公司法》第 426 条、第 425 条[4]规定，对于重大过失一律承担赔偿责任，但对于善意一般过失可以免责。

（三）观察与思考

学者对于选择何种标准历来存在争议，但笔者认为世界趋势应当是判断标准逐渐宽松化，承认公司章程的意思自治免责条款，董事仅对故意或重大过失负责。诚实信用、理性人[5]、善良管理人等标准内核大致相同，差异远没有超过共识。不论何种判断方法得出的实践结果几乎没有差别，精神共通于各种判断标准之中，对个案当事人的利益考量并无太大影响，大陆法系和英美法系也互相影响逐渐趋同化。

且严格意义上说来，所谓现代化的公司是 1993 年《公司法》通过之后才产生的。我国公司的发展水平和治理机制不可能和英美德日在几百年岁月长河中积淀下的公司治理水平同日而语，实践中可能还未发展到推动理论前进的地步，但理论确已通过比较法超前发展。然绝对不能东施效颦，邯郸学步，标准的松紧与公司的治理结构、公司规模、历史上对业务素质的要求、职权设置与监督机制、任免机制以及具体情境息息相关，我国司

---

[1] 参见德国《股份公司法》第 93 条和《有限公司法》第 43 条，转引自赵旭东主编：《境外公司法专题概览》，人民法院出版社 2005 年版，第 278 页。

[2] 任自力：《公司董事的勤勉义务标准研究》，载《中国法学》2008 年第 6 期。

[3] 刘敬伟：《董事勤勉义务判断标准比较研究》，载《当代法学》2007 年第 5 期。

[4] 吴建斌编译：《日本公司法：附经典判例》，法律出版社 2017 年版，第 261～280 页。

[5] 叶金强：《董事违反勤勉义务判断标准的具体化》，载《比较法研究》2018 年第 6 期；张国琪：《公司董事违反勤勉义务之判断路径分析》，载《盐城工学院学报（社会科学版）》2021 年第 3 期；叶金强：《私法中理性人标准之构建》，载《法学研究》2015 年第 1 期。

法实践充分重视我国现有的公司治理结构，其先任由实践发展，待成熟后提炼上升为一般规则的设计倒成为立法者的智慧留白。

部分案件中还出现了"比例原则"[1]和威尔伯格动态系统理论[2]在商法领域的适用，如"合肥日上电器股份有限公司与马杰损害公司利益责任纠纷案"[3]和"北京东方网信科技股份有限公司上诉何咏泽损害公司利益责任纠纷案"[4]。两个案件主要案情就是作为公司的财务负责人或经理基于合理的信赖但被诈骗，但结果并不相同。在前一个案件中，法院认为"被告添加公司行政主管提供的 QQ 号好友（实为犯罪嫌疑人），虽然被告未经审批手续要求会计转款的行为违反了财务制度，但并不存在主观恶意，而是基于合理判断"，但法院仍然酌定其承担一半损失。在后一个案件中，学者通过解释[5]将法院逻辑予以揭示——从注意、谨慎、勤勉水平层层递进，第一层次是核对微信头像名称无误，属于普通人的注意义务；第二层面是没有违反公司的财务制度[6]，第三层次是最优的注意水平——当面核实。

（四）结论

从数据来看，我国法官的水平和公司治理能力正在逐步提高，司法已

---

〔1〕 梁爽：《董事信义义务结构重组及对中国模式的反思——以美、日商业判断规则的运用为借镜》，载《中外法学》2016 年第 1 期；徐化耿：《信义义务的一般理论及其在中国法上的展开》，载《中外法学》2020 年第 6 期。

〔2〕 海尔穆特·库齐奥：《动态系统论导论》，张玉东译，载《甘肃政法学院学报》2013年第 4 期；瓦尔特·维尔伯格：《私法领域内动态体系的发展》，李昊译，载《苏州大学学报（法学版）》2015 年第 4 期；徐化耿：《信义义务的一般理论及其在中国法上的展开》，载《中外法学》2020 年第 6 期。

〔3〕 （2016）皖 01 民终 4226 号判决书。

〔4〕 （2016）京 01 民终 5551 号判决书。

〔5〕 徐化耿：《信义义务的一般理论及其在中国法上的展开》，载《中外法学》2020 年第 6 期。

〔6〕 因董事长唐某系用款申请人、部门负责人和审批人三者身份合一，所以可以认为不构成对财务制度的违反。

从学理中汲取营养，摸索出了有本土特色的高管违反勤勉义务判断的趋势，比如"正常经营行为"[1]标准，即首先按照《公司法》第 147 条第 1 款，对高管行为的程序合法性进行审查，这一步往往可以过滤掉大多数案件。如果高管的行为是正常经营行为，则法院将不再对行为的合理性进行实质审查，一般就达到了勤勉义务的要求；如果与日常经营行为不符，再进行实质性审查。

参考文献

［1］ 蒋集跃、杨永华：《司法解释的缺陷及其补救——兼谈中国式判例制度的建构》，载《法学》2003 年第 10 期。

［2］ 陈甦：《司法解释的建构理念分析——以商事司法解释为例》，载《法学研究》2012 年第 2 期。

［3］ 翁贞、朱敏：《公司高级管理人员违反勤勉义务的司法认定》，载《人民司法》2013 年第 6 期。

［4］ 何琼、史久瑜：《董事违反勤勉义务的判断标准及证明责任分配》，载《人民司法》2009 年第 14 期。

［5］ 何海波：《法学论文写作》，北京大学出版社 2020 年版。

［6］ 李建伟：《股东知情权诉讼研究》，载《中国法学》2013 年第 2 期。

［7］ 北京市第一中级人民法院公司类纠纷案件审判白皮书（2010-2019）。

［8］ 广州法院审理与公司有关的纠纷审判白皮书（2017-2019）。

［9］ 北京市第三中级人民法院公司类纠纷审判白皮书（2013-2020）。

［10］ 上海律师协会公司与商事业务研究委员会主编：《公司诉讼律师实务》，法律出版社 2016 年版。

［11］ 刘殿葵：《公司经理人法律问题研究——对懈怠与滥权规制的法律本土化分析》，法律出版社 2008 年版。

---

〔1〕 楼建波、闫辉、赵杨：《公司法中董事、监事、高管人员信义义务的法律适用研究——以北京市法院 2005~2007 年间的相关案例为样本的实证研究》，载清华大学商法研究中心编：《商事法论集》，法律出版社 2012 年版，第 530~564 页。

［12］朱锦清：《公司法学》，清华大学出版社 2019 年版。

［13］任自力：《公司董事的勤勉义务标准研究》，载《中国法学》2008 年第 6 期。

［14］徐化耿：《信义义务的一般理论及其在中国法上的展开》，载《中外法学》2020 年第 6 期。

［15］赵旭东主编：《境外公司法专题概览》，人民法院出版社 2005 年版。

［16］刘敬伟：《董事勤勉义务判断标准比较研究》，载《当代法学》2007 年第 5 期。

［17］叶金强：《董事违反勤勉义务判断标准的具体化》，载《比较法研究》2018 年第 6 期。

［18］张国琪：《公司董事违反勤勉义务之判断路径分析》，载《盐城工学院学报（社会科学版）》2021 年第 3 期。

［19］叶金强：《私法中理性人标准之构建》，载《法学研究》2015 年第 1 期。

［20］梁爽：《董事信义义务结构重组及对中国模式的反思——以美、日商业判断规则的运用为借镜》，载《中外法学》2016 年第 1 期。

［21］海尔穆特·库齐奥：《动态系统论导论》，张玉东译，载《甘肃政法学院学报》2013 年第 4 期。

［22］楼建波、闫辉、赵杨：《公司法中董事、监事、高管人员信义义务的法律适用研究——以北京市法院 2005～2007 年间的相关案例为样本的实证研究》，载清华大学商法研究中心编：《商事法论集》，法律出版社 2012 年版。

［23］（2015）东民二初字第 54 号判决书。

［24］（2019）渝 05 民终 7775 号判决书。

［25］（2019）渝 05 民终 7775 号判决书。

［26］（2020）苏 04 民终 2833 号判决书。

［27］（2020）闽 0629 民初 918 号判决书。

［28］（2018）苏 0481 民初 650 号判决书。

［29］（2020）川 13 民终 3414 号判决书。

［30］（2020）最高法民申 640 号裁定书。

［31］（2011）一中民终字第 14843 号判决书。

［32］（2011）东民初字第 00883 号判决书。

［33］（2020）川 13 民终 3414 号判决书。

［34］（2019）川 01 民终 13252 号判决书。

［35］（2007）慈民二初字第 519 号判决书。

［36］（2016）京 01 民终 5551 号判决书。

［37］（2019）最高法民申 4427 号裁定书。

［38］（2018）苏 0612 民初 7034 号判决书。

［39］（2014）沪高民二（商）申字第 139 号裁定书。

［40］（2020）赣 09 民终 1057 号判决书。

［41］（2020）最高法民终 152 号裁定书。

［42］（2018）最高法民终 664 号判决书。

［43］（2017）最高法民终 417 号裁定书。

［44］（2009）闵民二（商）初字 1724 号判决书。

［45］（2009）沪一中民三（商）终字第 969 号判决书。

［46］（2016）皖 01 民终 4226 号判决书。

债权效力的霍菲尔德式分析

张芮铭

摘　要：目前关于债权效力的讨论，法学界各家说法不一，其效力体系模糊含混，原因是各研究者所采角度与标准不同，不能得出一幅清晰的债权效力体系图景。本文旨在整合学界的各种观点，用一种较为新颖的视角——霍菲尔德权利分析理论，尝试厘清债权效力的体系，扫清盲区，试图得出条理清晰逻辑完整的债权效力体系，并在此基础上分析不完全债权的成因与后果，使债权效力体系在法理上得以明晰。

关键词：债权效力；霍菲尔德权利分析理论；债权实现；不完全债权

A Hohfeld-Style Analysis of Creditor Right Effect

Abstract：At present, the legal circles have different views on the effect of creditor's rights, and its effect system is vague. The reason is that the researchers adopt different angles and standards, and can not get a clear picture of the effect system of creditor's rights. This paper aims to integrate various viewpoints in the academic circles, use a relatively novel perspective – Hohfeld 's right analysis theory, try to clarify the system of creditor's rights effect, clear the blind area, try to get a clear and logically complete creditor's rights effect system, and on this basis, analyze the causes and consequences of incomplete creditor's rights, so as to clarify the creditor's rights effect system in jurisprudence.

Keywords: Effect of Creditor's Rights　the Theory of Hohfeld' Right Analysis RealizAtion of Xreditor's Rights　Incomplete Creditor's Rights

导　论

债权作为民法上典型的财产权，其重要性随着现代社会交易的愈发复杂灵活而日益凸显，债权以其具有的动态优势逐步成为交易间的首选对象，不再仅仅是取得物权的手段，逐渐成为经济生活里的目的。正如德国学者拉德布鲁赫（Gustav Radbruch）所言："债权表现的权力欲及利息欲（Macht-und Zinsgemuss），在今天都是经济目的。债权已不是取得对物权和物利用的手段，它本身就是法律生活的目的。经济价值不是暂时静止地存在于物权，而是从一个债权向另一个债权不停地移动。"[1]这其中的原因结合债权本身的特点来看便可窥知一二，债权的本质实际上是"法律上可期待的信用"，其与物权在时空属性上最重要的区分，便是债权对未来的时空有一定的支配性或预言性，这些性质延展了财产交换的时空，使以往必须在当下眼前进行的"以物易物"的交易局面得以打破，提高了财产的流通性。

然而，债权也因其本质产生了不可忽略的缺陷。债权的实现，从根本上讲依赖于债务人的履行，债权人所能期待的仅仅是债务人意志上的配合，而这个结果不是能保证绝对实现的，可能因为各种或主观或客观的原因，致使债务人不能依债之本旨履行其债务，而使得债权人期待实现的债权利益落空。为此，民法为了保障债的实现而生发出债的效力体系，赋予债权

---

〔1〕［日］我妻荣：《债权在近代法中的优越地位》，王书江、张雷译，中国大百科全书出版社 1999 年版，第 6~7 页。

各种机能来增加其安全性。虽然为债权人减少债权难以实现之虞的目的有所达到，但债权仍不如物权更加具有确定性，需要从学理的角度加以完善。

在此意义上，债权效力的体系与债之实现命运息息相关，学界的相关论说却并不统一，体系上还存在盲区，而这种盲区"使得债只有'履行'这把钥匙才能打开的法锁，面临着被砸开的风险"[1]。在债权效力体系上，各种体系学说之间存在差异的根本原因在于两点：第一，没有把握整个债权效力体系的基本逻辑脉络；第二，没有用周延的分析方法将相关模糊不清的概念予以类型化。

依笔者管见，对第一点来说，债权效力体系的基本逻辑脉络乃是债权的实现，对债权来说，实现是贯穿于其整个命运的永恒主题；而针对第二点，笔者发现霍菲尔德权利分析理论（以下简称 H 理论）作为法理学中逻辑周延、结构清晰的权利分析工具（特别是私权），能够较好地构建出债权效力体系的基本运作模式，为债权的解释论和立法论提供新的视角。债权效力的阻却也可以此理论来进行分析，能够很好地印证这种分析模式在逻辑上是周延的。基于此，本文第一部分简要介绍 H 理论及其相关概念，并提供一种简明的符号表示方式及演算规则；第二部分着重论述目前民法学界现有学说对债权效力体系的理解，指出各个学说之间的差异与共性，提出存在的问题；第三部分提出一个以债权的实现为演绎脉络、以 H 理论为演绎方法的新的债权效力体系，并尝试解决第二部分提出的问题；第四部分用新的债权效力体系来分析不完全债权的效力（债权效力的排除或阻却），可以发现这个结构是融贯完整、符合逻辑的。

---

[1]　张俊浩主编：《民法学原理》（下册），中国政法大学出版社 2000 年版，第 674 页。

一、霍菲尔德权利分析理论

（一）概述与符号表示

1913 年，美国法学家霍菲尔德（Wesley Newcomb Hohfeld）在耶鲁法律杂志上发表了他的名篇《司法推理中应用的若干基本法律概念》[1]，引起了美国法学界的强烈反响，标志着其权利分析理论的创立。按照经典的法理学理论，法律关系中最典型的当属"权利–义务"关系，举例来说，在一个狭义的债之关系中，债权人享有的债权对应着债务人应履行的债务，两者是对立统一的概念。不过在霍菲尔德看来，如此宽泛的概念模糊了法律关系中的细微之处。霍菲尔德从美国的大量财产法条文与判例中，总结归纳出八个不可再分的基本法律概念，分别是权利（Claim）、义务（Duty）、特权（Privilege）、无权利（No-Right）、权力（Power）、责任（Liability）、豁免（Immunity）、无权力（Disability）[2]，这八个概念被称作复杂的法律关系里的"最小公分母"。

其中，八个概念之间也存在两组关系，分别是相反关系（Oppositives）与关联关系（Correlatives）。要理解 H 理论，最好的方式便是从两组关系入手，找出概念之间的内在联系。

---

[1] 参见 Wesley Newcomb Hohfeld, "Some Fundamental Legal Conceptions as Applied in Judicial Reasoning", *The Yale Law Journal 23*, 1 (1913), pp. 16~59.

[2] 本文对其基本概念译法参照沈宗灵教授译本，参见沈宗灵：《对霍菲尔德法律概念学说的比较研究》，载《中国社会科学》1990 年第 1 期。其中，霍菲尔德原文中用 Right 表示其理论中狭义的"权利"，但为了区分广义的权利与霍氏理论中狭义的"权利"，本文用 Right 指代广义的权利，用 Claim 指代霍氏理论中狭义的"权利"，对"无权利"作法亦同。

图 1[1]

法律上的 Jural 相反关系 Opposite	权利 Claim 无权利 No-Right	特权 Privilege 义务 Duty	权力 Power 无权力 Disability	豁免 Immunity 责任 Liability
法律上的 Jural 关联关系 Coorrelative	权利 Claim 义务 Duty	特权 Privilege 无权利 No-Claim	权力 Power 责任 Liability	豁免 Immunity 无权力 Disability

霍菲尔德认为，广义的权利（Right）存在四种基本形态，即（狭义）权利（Claim）、特权（Privilege）、权力（Power）、豁免（Immunity），它们代表法律关系中优势一方的法律地位，而广义的权利不过是其中某一种权利或几种权利的组合。对上述四种权利进行否定，便得到了四种广义的义务（法律上的负担），如上图所示，举例来说，对法律关系中一方拥有的权利（Claim）进行否定，则其拥有的权利变为无权利（No-Right），反之亦同，这就是相反关系。而在 H 理论中一方的权利（Right）必然对应着另一方的义务，例如，一方所拥有的权利（Claim），其内容同样可以表述为相对方的义务，这就是关联关系。故此，可以看出 H 理论中法律主体间的法律地位是互相关涉的，如上例中，一方的权利（Claim）被否定，其地位转变为无权利（No-Right），而另一方势必从义务变为特权。对于两组关系比较简洁全面的概括是"所谓的相关（关联）关系，就是指不同主体之间的逻辑上的对等关系；所谓的相反关系，就是指相同主体之间的逻辑上的矛盾关系。"[2]

按照霍菲尔德的理论，法律关系由以下三部分组成：法律主体、法律关系形式、法律客体。就法律主体而言，由于 H 理论中法律关系是最简单的"法律关系元形式"，所以一个法律关系的参与主体数量只能是两个，即法律权利的享有者与法律义务的承受者；法律关系形式即为上述八个法律

---

〔1〕 参见王涌：《私权的分析与建构：民法的分析法学基础》，北京大学出版社 2020 年版，第 77 页。

〔2〕 王夏昊：《本体论同构与法律权利概念观分异——基于分析路径的权利研究》，载《法制与社会发展》2021 年第 4 期。

概念依照关联关系组成的四种法律关系元形式，每一对关联关系概念构成一种法律关系元形式，即"权利—义务"关系（"Claim-Duty"）、"特权—无权利"关系（"Privilege-No-Claim"）、"权力—责任"关系（"Power-Liability"）、"豁免—无权力"关系（"Immunity-Disability"）；法律客体，或称为法律主题，即权利义务的内容，只能是行为。

为了后续论证清晰，根据 H 理论所表现出的特点，本文用这样的符号模式来表示[1]：如，CxyG，表示在法律主题为 G 的法律关系中，法律关系形式是"权利—义务"关系，其中一方法律主体 x 另一方法律主体 y 具有Claim 的优势法律地位。用 Claim 的缩写 C 指代前者对后者的优势地位[2]，用 xy 指代法律主体，具体而言，x 为一方法律主体，y 为另一方，G 来指代法律主题。此种表示方法可以很好地表现相反关系与关联关系。

H 理论中的八种概念里，Claim 与 Power 又是核心，其他概念均可由这两个概念推演出来，故由这两个概念可以组成两组概念矩阵，且两组矩阵之间并无逻辑关系。通过概念矩阵可以更好地理解 H 理论，下面尝试结合两组矩阵，说明基本法律概念的具体含义。

（二）第一矩阵

图 2

---

〔1〕 王夏昊：《本体论同构与法律权利概念观分异——基于分析路径的权利研究》，载《法制与社会发展》2021 年第 4 期。

〔2〕 其余缩写分别是：D-Duty，PR-Privilege，NC-No-Claim，P-Power，L-Liability，IM-Immunity，DIS-Disability.

第一矩阵包含四个基本概念，两组法律关系元形式，由矩阵图可知，Claim 的关联方是 Duty，相反方是 No-Claim，而 Duty 的相反方是 Privilege。对此矩阵的理解应当从 Duty 入手，Duty 指的是一个人应当做或不做什么，Claim 则指的一个人可以主张或要求他人做或不做什么，最接近民法概念里的"请求权"。以下用一个例子来说明：

例 1：x 与 y 订立苹果买卖合同，约定 x 向 y 交付一个苹果，y 向 x 交付 5 元钱。

这里实际上有两个狭义债之关系，我们取其中的交付苹果之债为例，此时 x 可行使其债之请求权，请求 y 交付一个苹果，若用 G 指代向 x 交付一个苹果这一法律主题，则法律关系可表示为：

$$CxyG①$$

即 x 能主张 y 向其交付一个苹果。又根据关联性原理，由①可得到：

$$CxyG \equiv DyxG$$

即 y 应当向 x 交付一个苹果。

若一方的 Claim 被否定，则其地位转变为 No-Claim，则该方无权再要求另一方履行内容为 G 的义务；根据关联性原理，同样也意味着另一方的 Duty 被否定掉，则其地位转变为 Privilege，意味着该方不再负有内容为 G 的义务。然而，两种否定却有内在的差异，因为该方不再负有内容为 G 的义务，意味着他的 Privilege 是能为 G 的相反行为（即"¬G"）的。试根据上述例子的变式来说明：

若此时，x 的 Claim 由于某种原因被否定掉了（符号上表现为逻辑上的"非"运算），表示为：

$$¬CxyG②$$

则法律关系发生变化，由②根据相反性原理可得到：

$$¬CxyG \equiv NCxyG③$$

其含义为，x 对 y 无权利主张向 x 交付一个苹果。

由③根据关联性原理，则可得到：

$$NCxyG \equiv Pyx \ \neg G ④$$

其含义为，y 对 x 有不向 x 交付一个苹果的特权。

对于这种否定结果出现的差异（④中法律主题由"G"变为了"$\neg G$"），学理上还没有清晰的解释。[1]不过这并不影响此理论的正确性。

（三）第二矩阵

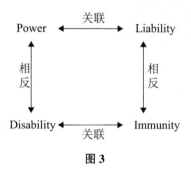

图 3

在第二矩阵中，同样有四个概念，两组法律关系元形式。其中，Power 是指一方可以通过行为变更另一方与他人法律关系的一种优势地位，在民法上与之接近的概念是"形成权"，Liability 则是指一方必须承受另一方改变其法律关系的法律地位，与 Power 是关联关系。对 Power 的否定是 Disability，意味着一方不能通过行为变更另一方与他人法律关系的地位，而它的关联方 Immunity 则表示一方可以免于承受相对方意图通过行为改变的其与他人的法律关系。下试举一例说明之：

――――――――――

〔1〕 参见王涌：《私权的分析与建构：民法的分析法学基础》，北京大学出版社 2020 年版，第 78~79 页。笔者赞同王涌教授的观点，认为这仅仅只是一个语义问题。比较第二矩阵中位于同样方位的 Immunity，其否定并不影响 G 的内容，原因在于 Privilege 这个词本身具有"作为"的趋势，而 Immunity 则有"不作为"的趋势，将 Privilege 换成 No-Duty 则不会再出现上述情况。

例 2：z 为限制民事行为能力人，其与 y 签订了苹果买卖合同，x 为 z 监护人。

在这个例子中，z 与 y 的合同效力待定，需等待 x 的追认，此时，x 与 y 以 z 与 y 订立合同为法律主题 G[1]的法律关系可表示为：

$$PxyG⑤$$

其含义为，x 对 y 来说，有权力通过行为（具体而言是追认行为）来创设 z 与 y 之间的合同关系。

由⑤根据关联性原理得到：

$$PxyG \equiv LyxG⑥$$

其含义为，y 对 x 来说，必须承受 x 通过行为来创设的 z 与 y 之间的合同关系。

若此时，x 丧失了 z 的监护人资格，则其 Power 被否定，法律关系变化表示为：

$$\neg PxyG \equiv DISxyG⑦$$

其含义为，x 无权力使 y 承受其通过行为创设的 z 与 y 的合同关系。

由⑦根据相反性原理，可得到：

$$DISxyG \equiv IMyxG⑧$$

其含义为，y 可豁免（免于承受）x 通过行为创设的其与 z 之间的合同关系。[2]

关于 H 理论的介绍就不再赘述，事实上，一百多年来 H 理论招致了许多批评，也有许多学者对其进行过不同程度的修正，但正是由于其发现了法律关系的元形式，展现出了非凡的理性，它在一百多年后的今天仍然能

---

　　[1]　值得说明的一点是，以第二矩阵中的两种法律关系形式为其组成的法律关系中（即 "Power-Liability" 与 "Immunity-Disability"），法律主题 G 只能是改变法律关系的行为，这一点似乎从对第二矩阵中四个概念的定义里就能看出来。其更深层次的原因在于，第二矩阵中的权利是以第一矩阵中权利为基础而构建的"二阶权利"。参见王夏昊：《本体论同构与法律权利概念观分异——基于分析路径的权利研究》，载《法制与社会发展》2021 年第 4 期。

　　[2]　注意，此时法律主题 G 并未发生④中的变化。

焕发出新的活力。

二、对现有债权效力体系学说的整合及检讨

（一）学界观点综述

民法教科书里多有对债权效力（或债的实现）这一章节的论述，但不同学者观点各有异同，下取三种具有代表性的观点加以分析。

比较主流的观点认为，债权效力体系主要由如下效力构成：请求力（可诉请履行性）、执行力（可执行性）、私力实现力（可自力实现性）、处分权能、保持力（保有给付的法律原因）。[1]

请求力是指当债务人未依照债之本旨履行债务，则债权人可向法院诉请履行。在这一部分，有学者区分了对债务人的直接请求权与对法院的诉权，"债权的请求力有两种形态：一是债权人直接向债务人请求之力；二是债权人向法院诉请债务人履行之力。在第一种形态下，国家的强制力隐而未露；在第二种形态下，国家的强制力赤裸裸地表现出来。"[2]

执行力是指当债权人通过诉讼取得执行名义后，得依法强制执行债务人的责任财产来实现其债权。需要说明的是，此执行力并不等同于诉讼法上的强制执行程序，而仍然是实体法里债权效力的一种体现，表明一种救济债权的最高形式，即国家动用强制力来保障债权人的债权实现。若无此保障，债务人则不会忌惮债对其的约束力，债权人的权利也就无从谈起了。

私力实现力是指在债权受到侵害或妨碍，情事紧迫而又不能及时请求国家机关予以救济的情况下，债权人自行救助，拘束债务人，扣押其财产

---

〔1〕 参见〔德〕迪特尔·梅迪库斯：《德国债法总论》，杜景林、卢湛译，法律出版社2004年版，第16~19页；王泽鉴：《债法原理》，北京大学出版社2013年版，第68~69页；崔建远、陈进：《债法总论》，法律出版社2021年版，第21~24页。

〔2〕 崔建远、陈进：《债法总论》，法律出版社2021年版，第23页。

的效力。[1]一部分学者认为，抵消可以视为一种安全便捷的债权私力实现手段，其仅依靠债权人的意志便使债权实现，具有维持社会秩序稳定的优点，也应视为一种私力实现力。

处分权能，顾名思义，即对债权得依债权人意志处分的效力，具体而言，债务免除、债权让与、债权出质、抵消等都是处分权能的体现。[2]

保持力是指债权是保有给付的法律原因，债权人据此得以受领并保有债务人履行债务导致的利益，任何人不得以不当得利为由主张债权人返还所受利益。主流观点如下图所示。

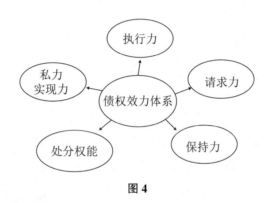

图 4

第二种观点认为，债权效力体系由如下效力构成：请求权效力、受领权效力、保持力效力、处分权效力、保全权效力。[3]

受领权效力是指债权人有权受领债务人给付利益的权利。

保全权效力是指为了确保债权人债权获得清偿，债权人依法取得的防止债务人责任财产减少的权利。

---

〔1〕 崔建远、陈进：《债法总论》，法律出版社 2021 年版，第 23 页。

〔2〕 对于抵消而言，其究竟属于私力实现力还是处分权能，学者们对此有不同的看法，后文详述。

〔3〕 参见李永军主编：《民法学教程》，中国政法大学出版社 2021 年版，第 417~419 页；其他学者有相似的论述，参见王利明主编：《民法》（下册），中国人民大学出版社 2020 年版，第 7~8 页。

这种观点将执行力并入请求权效力，称为"救济性请求权效力"，又可分为私力救济与公力救济两种。另一种请求权效力称为"原权性请求权效力"，意指债权人向债务人主张的给付请求权。如图 5 所示。

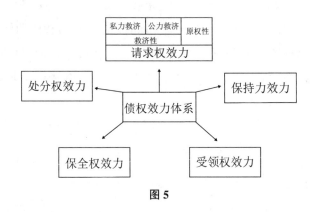

图 5

第三种观点认为债权效力体系由两大部分构成，一是债权的动态要素（称为债权效力），二是债权的静态要素（称为债权权能）。[1]

债权效力又可细分为一般效力和特殊效力。一般效力包括请求力，执行力，保有力。特殊效力包括代位权、撤销权、解除权、抗辩权等在特殊条件下或对特殊类型的债才会产生的效力。作为债权的动态要素，一个完整的债权不必同时具备全部债权效力，而是当债遇有实现障碍时，能够发挥出相应的效力来继续保障债的实现。

债权权能是指在债的整个实现命运中一直存在的一种能力，与债权的效力不同，但有时也发生竞合，具体表现为请求权与处分权。如下图所示。

---

〔1〕 张俊浩主编：《民法学原理》（下册），中国政法大学出版社 2000 年版，第 674~675 页。

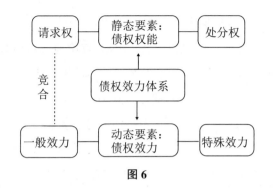

图 6

关于两种债权要素的差异，学者对此有精彩的论述："债权的权能与债权的效力不同，若将债权的运行线路视作由无数个点连接成的线，那么，构成债权效力整体的各个单个效力仅是在各个点上发挥其作用，过了此点则轮到下一个效力发挥作用，易言之，债权的效力是由各个点的效力集合而成的；而债的权能则是在债权运行的整条线上都能发挥作用的'效力'，易言之，债的权能是在债权运行的全过程始终存在、相对不变的效力，故称其为构成完全债权的静态因素。"[1]

（二）共性、差异与缺陷

在上述三种体系中，比较突出的差异是：一、抵消是否属于债权的处分力？二、受领力是否有必要脱离保有力单独存在？三、请求力与执行力是包含关系还是并列关系？其实应该看到，这些问题产生的根源并非债权效力体系本身存在问题，而是不同学者适用相关概念的"模糊性"导致的。仅仅是请求权，不同学者的就有好几种分类：在第一、第三两种观点中，保有本身含有受领的概念，而第二种概念里则没有。抵消是否属于处分，取决于处分的本质是什么，而学者们亦未给出清晰的标准。

针对上述差异，我们首先需要做的，是将各种学说放到同一个语境中，

---

〔1〕 张俊浩主编：《民法学原理》（下册），中国政法大学出版社 2000 年版，第 676~677 页。

用同一套话语来讨论，即问题的"论域"与其中的"元素"必须一致，否则将陷入"公说公有理，婆说婆有理"的无奈境地。若将涉及的效力的并集拆分成最小效力单元，则有给付请求力、诉讼请求力、执行力、保有力、私力救济力、处分力、抵消、受领力、撤销权、代位权、抗辩权、选择权十余种效力之多。问题是，学者们是怎么得到这些最小单元的呢？很明显，是通过"经验性归纳"得到的：要么是通过法律规范对债权效力的直接规定，要么是理论上对债权效力的描述，只要涉及债权的"法律上之力"，便可撷取过来作为体系的一部分；那么体系是如何构建的呢？则是通过将这些最小单元的债权效力按照不同的标准进行分类整合，不同的排位方法便得出不同的体系，这种体系建构的方式是这三种观点最大的共性。而这种方法本身是一种实证性的过程，只是对债权效力外观的一种反应，不能对作为概念建构的产物——债权效力体系起到一个"透视"的作用。[1]

　　在笔者看来，以上的十余种效力是否穷尽了债权效力体系的全部效力尚有待商榷，而对于这十余种效力是否为债权效力的"最小单元"更是不敢轻易下结论。根据本文第一部分，只有 H 理论中的八种法律关系元形式才能称之为法律关系的"最小单元"，也就是说，债权的效力只能表现为 Claim、Privilege、Power、Immunity 四种权利之一或其组合。对债权效力体系的建构如果不想仅仅停留在教科书里的外部事实性描述，而是欲通过"规范性演绎"从体系内部分析出一幅债权效力的完整图景，那么在笔者看来，最好的演绎脉络是对债权的救济程度，最好的演绎方法是 H 理论。下文将按照此思路与既有的学说，提出一个新的债权效力体系。

_____

　　〔1〕　第三种体系有做出"规范性演绎"的尝试，意识到债权效力内部是有不同的逻辑结构的，并试图用周延的逻辑分类来完善债权效力体系，但无奈最终仍使用"经验性归纳"方法，拼接最小效力单元，没有从债权效力的法律关系内部着手，其体系仍然是含混的。

三、基于霍菲尔德权利分析理论的债权效力新体系

(一)"实现"作为债之命运

债权之所以具有财产性,是因债权人可据此请求并享有债务人履行债务所致的利益,凭借债权可获得相应的给付。但清偿并非债之实现的唯一方式,按照一般观点,债之清偿是指债务人依照债之本旨履行其债务,使债消灭的行为,是债之消灭的一种类型,而这种类型对债权人来说无疑是最为有利的——完全实现了债的目的,使债权人享有了给付利益,清偿使得债权的财产性得到完美体现。而债之消灭则不限清偿一种,还有抵消、提存、免除等行为均可达成消灭债的目的。

然而,此种分类很难与债权效力体系很好地结合在一起,原因是此种学理上的分析未着眼于债权人的视角。事实上,债之清偿、债之消灭、债之实现是三个不同的概念,前两者自不待言,已是理论分化的结果,而我认为债之实现则不同于上述两种概念。对于一个特定的债权人来说,其享有一个债权,当然能够期待其能受领债权可能给他带来的给付利益,应当说,没有任何一个债权人不希望债务人及时清偿债务[1];但同时,作为私有财产的享有者,债权人也能够凭借自己的意愿随意处理他的财产,法律也应该赋予他这样的权利,故此,清偿作为最为经济的债权实现,却并不是于债权人而言债权实现的唯一方式,债权人得以自己的意志随意处置自己的财产,此亦为债权实现的题中之义。所以,"实现"作为债之命运,对债权人来说,应该表述为债务清偿与债权处分。不能说债权实现非清偿不可,依照债权人自己的意思决定了债权的命运,无论债权是否导致债权人

---

[1] 除非他期待追究债务人的各种违约责任,并以此谋求更大的利益,但这样的目的也会因为债务人责任财产的多寡而陷入不能实现之虞,所以总体上而言,期待债务人清偿债务是每个债权人最为经济的考量,这也符合一般的法理认知。

财产增加，都可以视作债权的实现，而实现的目的在所不问，此乃是私法自治的体现。由此也可以看出，债之实现并不等同于债之消灭：提存虽可导致债的消灭，却非依赖于债权人意志；债权处分中的一些行为（如债务部分免除、债权出质）虽未导致债的消灭，但对特定债权人来说，他已按照自己的意志决定了债权的命运，亦可视为债之实现。

（二）新体系的建构及其霍菲尔德式表达

据此而言，债权人实现其债权则可分为两条路径。以清偿为目的的实现，与非以清偿为目的的实现，亦即以处分为目的的实现。对于以清偿为目的的债权实现，由于其关键在于债务人的配合，法律辅之以一系列层层递进的救济权利，来保障债权人能够尽可能地实现其债权；对于以处分为目的的债权实现，法律赋予债权人以处分权，使其能凭自己的意志随意处分其债权而不受限制。下将详述之，并用 H 理论将其规范化演绎。

1. 债权实现之一：以清偿为目的

第一种路径，以清偿为目的的债权实现。为了保障债权的实现，债务在陷入不能正常得到履行各种情况之时，债权会生发出相应的各种效力来予以应对，故对此路径的分析应该着眼于债权受到的不同等级的障碍困扰，来分析不同程度的救济应对。

第一等级：债务履行期限届至，债务人自动履行其债务，债权可得实现。在这种情况下，债权人无须自发请求债务人履行，即债权人无须请求。这里也可以看出，请求权并非债权的一种"权能"，权能要求与权利同命运，而在第一等级的情况中债权人不能也不需要行使其请求权，请求权是救济债权的一种表现，若债权本身就能很好地实现，则无请求权施用之余地。在这种情况下，债权表现出的效力是什么呢？是债权利益的受领保持，债权人可以受领并保持给付利益，赋予保持给付利益的法律上之原因。这又涉及到之前提到的一个问题，即受领权与保有权是否需要分开。就受领权而言，其受领的法律意义何在？字面的理解是，债权人可据此债权受领债务人的给付利益，然而这样的说法没有明确其内在含义，亦不容易看出债权人的实际权利。换一种角度可更好理解，若他人受领该利益，表现的效果是什么？分析一下不难得出，他人并非物理上不能受领给付利益，乃是若无此受领权，债权人可根据不当得利条款，主张无权受领人返还其利益。这与保有权并无二致，故实无分开的必要。用 H 理论来描述，债权人享有一种 Privilege，而其他人的地位则是 No-Claim，即无权利请求债权人返还其所受利益，对债权人来说，这种权利意味着他可以合法持久地拥有所受给付利益。这种权利是债权的基础建构，它确立了债权作为财产的可获得性，因此是最为普遍的权利。

第二等级：债务履行期限届至，债务人未自动履行。在这种情况下，债权人得享有一个给付请求权，表现为 Claim，即债权人得请求债务人履行其债务。这种 Claim 是债权赋予债权人的原权性请求权，但由于债权人所处情景并不十分危急，其救济的程度不明显，行使这种 Claim 导致的法律效果并不显著[1]，充其量是债权人对债务人的一种"提醒"，没有任何强制的效力，但此种 Claim 也是债权人在履行期限届至时有一定主动权的体现。

第三等级：债务履行期限届满，债务人仍未履行其债务；或债务人在履行期限届满前明示或以行为表示其不会履行债务，且债务人具有足够满足债权的责任财产。在这种情况下，债权人眼下有两种选择：若情事紧迫，来不及寻求公权力的帮助，债权人得获得一个 Privilege，即可扣押债务人人身或财产，但此救济并不直接导致债权清偿的效果；另一方面，债权人得请求公权力帮助，享有一个 Claim，即诉讼请求权，债权人可向法院诉请债务人履行其债务。值得注意的是，这个 Claim 仍然没有强制的作用，只是债权人向国家强制力申请帮助的"主张"，行使此 Claim 并不会对债务人产生任何影响，这也是法律关系元形式只涉及两方当事人原则的体现。

---

〔1〕 原权性请求权的法律效果大致如下：①使未确定期间的债权发生期间确定的效力；②成为认定债务人迟延的时间基准；③发生诉讼时效中断的效力。参见李永军主编：《民法学教程》，中国政法大学出版社 2021 年版，第 417 页。

值得一提的是，第二等级与第三等级的情况同时赋予的法律权利均为 Claim，但此种 Claim 是不同的。以 x 表示债权人，y 表示债务人，z 表示法院，以 G 表示债务人履行债务的法律主题，则第二等级的 Claim 可表示为 CxyG，而后者则表示为 CxzG，两者并不相同。更为关键的是，只有 CxzG 才能引发后续一系列的国家强制力效果，许多对债权的救济均由诉讼请求权诱导产生。

在行使第三等级的 Claim 之后，若此 Claim 不被反对，成功行使，债权人在胜诉之后，得使法院获得一项 Power，即一项变更债务人财产归属的权力，在我国的民事诉讼法中，这种 Power 通常被称为"执行权"。据此亦可回复第二部分的问题，关于执行力与请求力是否分开的疑问，Power 即是前述"执行力"的 H 理论式表达，可见此种"执行力"需要"救济性请求权"（一种 Claim）的诱导才能产生，两者虽有联系却性质不同，故是否分开取决于学者们的描述，但从 H 理论的角度上来说，是完全不同的两项权利。此时，债务人的责任财产被国家通过动用公权力而用来清偿债权人的债务，这种 Power 的行使同样可以看作债权人意志的延伸，只不过是借助了国家公权力的帮助。从相关性的角度来看，债务人的法律不利益从 Duty 到 Liability，其程度是在不断加重的，这也可以看出对债权救济程度的不断加深。[1]

第四等级：债务履行期限届满，债务人仍未履行其债务；或债务人在履行期限届满前明示或以行为表示其不会履行债务，且债务人无足够责任财产，但其对外有积极或消极减少其责任财产的行为。第四等级是在第三等级的基础上，设置了债务人虽无足够责任财产却有减少其财产的行为的

---

[1] 关于此，有学者论述道："在债权请求权中，债权原权请求权的实现有赖于债务人义务的履行，故其在法律关系中与义务相对应；在债权救济性请求权中，由于债务人违反了法定或约定的义务而发生了其所应承担的相应的法律后果，即民事法律责任，因此，债权救济性请求权与法律责任相对应。"虽然在这里的"义务"与"责任"与 H 理论的"Duty"与"Privilege"有所不同，但也可看出两种不同话语体系下的相同趋势。参见胡玉浪：《论债权请求权的性质与体系》，载《福建师大福清分校学报》2009 年第 1 期。

额外条件，故债权人得首先享有同第三等级一致的 Claim，以及使法院获得一种 Power（即使此时的 Power 用处不大）。其次，债权人自身还获得一种 Power，可修改或消灭债务人与第三人之间的法律关系。具体而言，若债务人消极地减少其责任财产（怠于行使其债权，比如迟延受领第三人给付利益），则债权人可代位承受第三人的给付利益，即这种 Power 使得债权人成为债务人与第三人之债中的新债权人；若债务人积极减少其责任财产（如放弃担保、放弃债权、无偿转让财产等），则债权人可行使 Power 使债权人的法律行为无效，如使转让合同归于无效，或使放弃的担保合同重归于有效。

第五等级：债务履行期限届满，债务人仍未履行其债务；或债务人在履行期限届满前明示或以行为表示其不会履行债务，且债务人无足够责任财产，亦无减少责任财产的行为。此种情形实属债权最难实现之状况，债权人的利益殊难得到保证，恐有第三等级的 Claim 与法院的 Power 而难以施行，只能等待债务人责任财产的增加，或以行政手段限制其继续挥霍，例如列入失信名单或限制其高消费。整个清偿体系如下图所示：

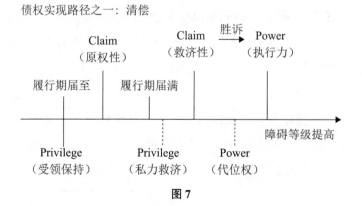

图 7

2. 债权实现之二：以处分为目的

第二条路径，即以处分为目的的债权实现，债权得为债权人依其自我意志而随意支配，是债权作为财产权的体现。债权的处分，原则上可以表述为债权人依照自己的意志决定债权的命运，但主要为债权让与、债务免除（债权抛弃）、抵消、债权出质。有关抵消是否为债权处分的问题，似乎从债的实现目的便可得到很好的解答：抵消是按照债权人的意志使债权归于消灭，是凭借其意思决定债之命运的行为，亦得看作债权实现。

既然把以上四种行为统称为债权的处分，那么债权处分权的本质是什么？用 H 理论分析不难得出，首先，该四种行为均导致法律关系的变化，或消灭原有，或变更已有，或创设未有，此中体现的权力为 Power，而前提条件是，债权人对于此债权的保有是合法有效的，也就是说这个 Power 是建立在对债权的保有基础上的，即 Power 依赖于上文中第一等级的 Privilege。所以，处分权里有 Power。

但是，霍菲尔德提醒我们，"对于业已讨论过的诸法律权力，还需注意一点。譬如，在分析一般的财产权所有权人之让与权时，就要仔细地区分法律权力、为'行使'法律权力所必须的物质力量（physical power）以及实施让与行为之特权——若真有此特权的话。"[1]应该看到，有此 Power 与行使此 Power 的 Privilege，是两个不同的概念，对于 Power 来讲，只要合法有效地拥有债权（即有保有的 Privilege），则得握有改变法律关系的 Power，但是否能够行使，此处分行为的实施与否则依赖于是否有 Privilege。据此，完整的处分权结构应该是 Power+Privilege，缺一不可。[2]

另外，债权的处分从逻辑上来说，只能由债权人来行使，他人对债权人债权的处分不产生效力，原因何在？因为仅债权人享有此债权受领保有之 Privilege，进而衍生出可得行使处分权的 Power，再结合行使 Power 行为的 Privilege，债权人始得处分其债权；然而，第三人无受领保有之 Privilege，

---

〔1〕 ［美］霍菲尔德：《基本法律概念》，张书友编译，中国法制出版社 2009 年版，第 65～66 页。

〔2〕 霍菲尔德在文中举了一个约定禁止让与的例子，这正好与第四部分的论述内容重合，故此不再赘述，下详述之。

亦无从得到处分之 Power，根据相反性原理，其地位为 Disability，再由相关性原理，相应的债权人的权利为 Immunity，此即"他人无权处分债权行为无效"的霍菲尔德表达。

债权实现路径之二：处分

图 8

综上所述，学者们概括出的名称各异的十项权利，在 H 理论的视角下，不过是四种基础权利 Claim、Privilege、Power、Immunity 及其组合。按照债权实现的两种路径：清偿与处分，可得到一幅清晰的债权效力图景，达到逻辑上完善体系的目的，也可以以此体系为框架检索目标债权的效力状态。

四、新体系视角下对债权效力排除的分析

在法律世界里，作为理论上最完整状态的完全债权并不是债权的唯一样态，债权很可能因为各种原因而导致其部分效力被排除，学理上将这种债权称为不完全债权。上述体系已经建构起完全债权的完整结构，则对不完全债权效力排除的分析完全可以用来检验此体系的合理性，进一步证明体系化和"规范性演绎"的优势。下文试举典型的不完全债权加以新体系视角下的分析。

（一）排除受领保持 Privilege——无法律上之原因

当债由于一些原因无效，债权债务消失后，债权人丧失其受领保有力，他人可主张不当得利请求返还给付利益，债权人难以持有该利益。举例来说，当买卖合同无效或被撤销时，若债权人已受领给付利益，则他人可根据不当得利请求其返还。以 x 表示债权人，y 表示债务人，G 表示基于不当得利无需返还受损人给付利益，根据相反性原理，此债权效力变化过程可表示为对债权人受领保持的 Privilege（即第一等级中的 Privilege）的否定，即：

$$\neg PRxyG \equiv Dxy \ \neg G①$$

其含义为，债权人对债务人有基于不当得利返还受损人给付利益的义务。相应地，根据相关性原理有：

$$Dxy \ \neg G \equiv Cyx \ \neg G②$$

其含义为，债务人对债权人有基于不当得利返还其给付利益的权利。

（二）排除救济性 Claim——人寿保险的保险费、不法原因给付

根据保险法第三十八条规定，保险人对人寿保险的保险费，不得用诉讼方式要求投保人支付。此种对债权效力排除的成因乃是法律直接规定了对救济性 Claim 的否定，用 x 表示保险人，y 表示法院，G 表示诉请投保人支付保险，表示为：

$$\neg CxyG \equiv NCxyG③$$

其含义为，保险人无权诉至法院请求保险人支付人寿保险保险费。

同样，基于不法原因给付的债权亦不得以起诉的方式要求债务人履行，如赌债、对婚姻关系外同居第三人的赠与，国家不保护此类债权，该债权天然地丧失救济性 Claim，推理方式同上。

（三）排除执行力 Power——基于道德义务的给付、罹于诉讼时效

基于道德义务的给付，一般又称为自然之债，是指由于道德上的原因而产生，法律上认可却不提供强制力进行保护，当事人自愿履行后不得以不当得利请求返还的债。其债权效力的排除在于，债权人虽拥有救济性 Claim，但难以胜诉，从而排除了执行力 Power 产生的可能，法院便无权强制执行债务人的财产，以 x 表示法院，y 表示债务人，G 表示改变债务人与其责任财产的关系，推理如下：

$$\neg PxyG \equiv DISxyG④$$

$$DISxyG \equiv IMyxG⑤$$

可见，法院无权力执行债务人财产，债务人亦得豁免法院试图使其承受的法律关系。

罹于诉讼时效的债权的效力排除构造与上述例子稍有不同，当债权人诉请债务人履行已过诉讼时效的债务时，债务人得享有一个抗辩权（实际上，这个抗辩权是一种 Power），以对抗债权人致使其难以胜诉，但若债务人不主张抗辩，则法院不得主动援引债权已过诉讼时效判债权人败诉。故此，相当于罹于诉讼时效后，法院的执行力 Power 并不当然排除，一旦债务人行使这种 Power，法院的 Power 便被排除。推理方式同上。

（四）排除处分自由 Privilege——约定禁止让与

债之当事人双方共同约定债权禁止让与，此效力有效，但不可及于第三方。如何理解？举例来说，甲与乙签订一买卖合同，就甲为债权人的这一狭义之债中，双方约定甲不得转让债权，以 x 表示甲，y 表示乙，G 表示将债权让与给第三人，则对于甲来说，其由于享有受领保持的 Privilege，当然有处分力 Power，但在甲乙两人之间，甲的处分自由 Privilege 却被协议排除了，推理如下：

$$\neg PxyG \equiv Dxy \neg G⑥$$

对乙来说，甲有不得将债权转让给第三人的义务。故根据处分权的构成，甲的处分自由 Privilege 被排除，其虽有处分力 Power，亦不得行使处分行为。

结　语

从经验到逻辑，本文的行文思路似乎与霍姆斯大法官的言论有所不同，但笔者认为，面对社会中越来越复杂的法律关系，法律概念的精细化是事有必至。本文运用霍菲尔德权利分析理论构建的债权效力体系，其创新之处自不在效力的内容，而在于效力的逻辑，研究中难免有疏漏之处，但作为一个分析视角，霍氏理论是令人惊喜的：传统民法学总结出的十余种债权效力，不过是霍氏理论里四种基本权利及其组合。对债权效力排除的分析亦可以佐证新体系的合理性。笔者坚信，随着越来越多的人意识到法律关系元形式的重要性，我们不再需要依靠繁冗的概念来支撑起整个法学体系。对法律人而言，这是一个将法律之书由厚读薄的过程。

参考文献

［1］胡玉浪：《论债权请求权的性质与体系》，载《福建师大福清分校学报》2009 年第 1 期。

［2］沈宗灵：《对霍菲尔德法律概念学说的比较研究》，载《中国社会科学》1990 年第 1 期。

［3］王夏昊：《本体论同构与法律权利概念观分异——基于分析路径的权利研究》，载《法制与社会发展》2021 年第 4 期。

［4］崔建远、陈进：《债法总论》，法律出版社 2021 年版。

［5］李永军主编：《民法学教程》，中国政法大学出版社 2021 年版。

［6］王利明主编：《民法》（下册），中国人民大学出版社 2020 年版。

［7］王涌：《私权的分析与建构：民法的分析法学基础》，北京大学出版社 2020 年版。

［8］王泽鉴：《债法原理》，北京大学出版社 2013 年版。

［9］张俊浩主编：《民法学原理》（下册），中国政法大学出版社 2000 年版。

［10］［日］我妻荣：《债权在近代法中的优越地位》，王书江、张雷译，中国大百科全书出版社 1999 年版。

［11］［德］迪特尔·梅迪库斯：《德国债法总论》，杜景林、卢谌译，法律出版社 2004 年版。

［12］［美］霍菲尔德：《基本法律概念》，张书友编译，中国法制出版社 2009 年版。

论"奋斗者协议"下"奋斗者"的劳动权利保护

郑诗彦

摘　要：用人单位运用"奋斗者协议"这一工具免除其法定责任，排除劳动者的合法权利。为规制这一违法现象，"奋斗者协议"的签署可被视为劳动者与用人单位对劳动合同的变更。不管"奋斗者协议"中的条款是格式条款还是普通的劳动合同条款，其都应当是无效的。为保护劳动者的合法权益，应从立法上完善关于劳动者休假的规定，充分发挥工会的监督职能，完善劳动监察制度。

关键词：奋斗者协议；劳动合同变更；工会维权；劳动监察

The Protection of Labor Rights of "Pre-achiever" under The "Pre-achiever Application"

Abstract：Employers use the "pre-achiever application" as a tool to exempt their statutory responsibilities and exclude the legal rights of workers. In order to regulate this illegal phenomenon, the signing of the "pre-achiever application" can be regarded as a change in the labor contract between the workers and the employers. Regardless of whether the clauses in the "pre-achiever application" are standard clauses or ordinary labor contract clauses, they should be invalid. In order to protect the legitimate rights and interests of workers, it is necessary to legislate to improve the regulations on workers' vacations, give full play to the supervisory functions of trade unions, and improve the labor supervision system.

Key Words: Pre-achiever Application   Change of Labor Contract   Labor Union Rights Protection   Labor Supervision

引 言

2020 年广东省高级人民法院在华为曾某案中认定曾某书写的内容包括"自愿放弃年休假"等条款的《承诺书》合法有效,从而驳回了曾某对年休假工资的请求。这一判决引起了激烈的争论。据《法治周末》记者对华为工作人员的采访可知,华为的职工被要求手写自愿放弃年休假,婚假等假期和非指令性加班费,并接受公司加班等内容,以此保证自身成绩考核达标和获得相关分红、配股。[1]"奋斗者协议"实际排除了劳动者合法权益,导致了劳资双方的权利地位不平等。因此,司法实践认为"奋斗者协议"是劳动者主动放弃权利而有效的观点,实际违背了劳动法保护劳动者的价值取向。但如何在法律上解释"奋斗者协议"的无效地位,从而保障在劳资关系中处于弱势地位的劳动者的权益成为亟需解决的问题。首先本文将"奋斗者协议"纳入到劳动合同变更的范畴来论证其无效,其次强调在"奋斗者协议"下为劳动者提供保护的必要性,最后从立法,工会和劳动监察三个方面提出改善建议,助力构建对"奋斗者"的劳动权利保障机制。

---

[1] 沈斌倜:《"奋斗者协议"签订内幕调查》,载 http://blog. sina. com. cn/s/blog_ 51 bd78fc0100l1jx. html, 最后访问日期: 2021 年 11 月 14 日。

一、"奋斗者协议"下劳动者保护的法理基础

"奋斗者协议"之性质认定直接影响"奋斗者协议"的法律效力，从而影响劳资双方的权利义务关系。如果"奋斗者协议"是劳动者的抛弃权利的单方意思表示，那么依据《民法典》的相关规定，该意思表示只需要满足行为人具有完全民事行为能力，意思表示真实和不违反法律禁止性规定即可有效。在将"奋斗者协议"视作普通的民事法律行为，将劳动者视作普通的民事主体的观点下，奋斗者作为劳动者享有的劳动权利就难以得到保障。因此，本部分将从"奋斗者协议"的性质出发，欲通过将其作为劳动合同的变更从而可被视为劳动合同的一部分，从而在劳动法领域探讨"奋斗者协议"的效力。

（一）"奋斗者协议"是变更劳动合同的意思表示

"奋斗者协议"可被认为是劳资双方变更合同的意思表示。同时其签订过程也符合变更劳动合同的程序性要件。因此"奋斗者协议"可被认定为对劳动合同内容的变更，可依据劳动法有关变更劳动合同的相关规定对"奋斗者协议"作出效力评价，从而确定"奋斗者协议"下奋斗者的权利义务。

1. 从内容上看："奋斗者协议"是双方的共同意思表示

意思表示是指具有行为能力的主体将自己内心的想法表示出来，并希望其产生法律效果的行为。"奋斗者协议"中最主要的条款为："我申请成为与公司共同奋斗的目标责任制员工，自愿放弃带薪年休假、非指令性加班费"。此条款虽然涉及到了劳动合同的必备条款内容，但是从字面意思看，只是劳动者单方面提出放弃权利，而并没有用人单位意思表示。但从双方权利义务的角度，该条款纯粹地减少了劳动者的权利，减免了用人单位的义务，是对双方权利义务的实质性更改。另外，用人单位内部存在一

些文件或者规定，要求劳动者申请成为奋斗者时必须写下本款内容。用人单位以提供奋斗者的申请方式和规定奋斗者的申请内容的两种方式实质地参与到了"奋斗者协议"的制定当中。最后，用人单位也希望该协议能够产生法律效果，借此能免去其法定义务。因此，从内容上看，"奋斗者协议"是双方共同的意思表示，是对劳动合同内容作出的实质性的变更。

2. 从程序上看："奋斗者协议"符合合同变更程序

根据《劳动合同法》第35条第1款的规定〔1〕，劳资双方只要协商一致，即可变更劳动合同。而用人单位变更劳动合同的程序，一般有三步：首先，用人单位向劳动者提出变更劳动合同的要求，说明变更合同的理由以及内容，并设立答复期限；其次，员工得知用人单位的要求后，在规定期限内作出答复；最后，双方协商一致后，应该采用书面形式，确定变更劳动合同。〔2〕

根据华为员工向《法治周末》记者透露的消息，2010年8月下旬，一份神秘邮件进入华为部分中高层干部邮箱，"公司倡导以奋斗者为本的文化，为使每位员工都有机会申请成为奋斗者，请您与部门员工沟通奋斗者申请的背景与意义，以及具体申请方式。在他们自愿的情况下，可填写奋斗者申请，并提交反馈"，"奋斗者协议"是华为公司先向员工提出的"建议"。根据华为员工手写的"奋斗者协议"的内容可知，"奋斗者协议"涉及了休假、加班费和工作时间等劳动合同规定的劳动报酬、劳动保护和劳动条件等必备条款。因此华为公司的这封邮件，可以视作是用人单位向劳动者提出的变更劳动合同的要求。奋斗者手写并提交实际是员工对用人单位这种要求作出的肯定性的答复。虽然"奋斗者协议"上并没有像劳动合同一样出现了双方的公章或签名，不满足法律规定的书面形式之要求。但是，与劳动合同一样，变更劳动合同协议的书面形式不作为变更后合同的有

---

〔1〕《劳动合同法》第35条第1款规定："用人单位与劳动者协商一致，可以变更劳动合同约定的内容。变更劳动合同，应当采用书面形式。"

〔2〕后东升主编：《企业劳动用工管理法律实务》，人民法院出版社2005年版，146页。

效要件。根据《最高人民法院关于审理劳动争议案件适用法律问题的解释（一）》第 43 条之规定[1]，只要双方实际履行了变更内容超过一个月，一方不得以未采用书面形式为由主张劳动合同变更无效。因此，从程序上看，"奋斗者协议"的成立过程满足变更劳动合同的形式要件。

（二）"奋斗者协议"的效力

"奋斗者协议"是对劳动合同的变更，但劳动合同中的条款分为格式条款和普通条款，那么"奋斗者协议"是作为哪种条款变更被列入劳动合同？笔者认为无论是从格式条款还是普通条款的角度分析，"奋斗者协议"都应当无效。

1. 依据格式条款的分析

虽然我国劳动法中并没有就格式条款作出说明，但是从立法实践的角度，《劳动法》虽然有其特殊性，但《劳动法》调整的主体却未跳出民法调整之范畴。我国劳动法更是在民法，特别是合同法的基础上发展而来。故本文认为《民法典》和《劳动法》的关系应当是一般法和特别法的关系。在特殊法无规定的情况下，在不违背特殊法的立法目的和价值取向的前提下，可以适用一般法之规定。而根据《民法典》的规定[2]，格式条款特点有二：第一，格式条款总是一方事先拟定，并在订立合同时告知对方的。第二，不经过双方协商，而是由一方的意思确定。由于格式条款只能选择接受或者不接受，而不能对格式条款进行更改，故格式条款给予了制作人极大的自由，并限制了相对人的自由。为了防止权利义务失衡，故《民法典》合同编对格式条款作出了严格限制。而在劳动合同签订的过程中，由

---

[1] 《最高人民法院关于审理劳动争议案件适用法律问题的解释（一）》第 43 条规定："用人单位与劳动者协商一致变更劳动合同，虽未采用书面形式，但已经实际履行了口头变更的劳动合同超过一个月，变更后的劳动合同内容不违反法律、行政法规且不违背公序良俗，当事人以未采用书面形式为由主张劳动合同变更无效的，人民法院不予支持。"

[2] 《民法典》第 496 条第 1 款规定："格式条款是当事人为了重复使用而预先拟定，并在订立合同时未与对方协商的条款。"

于劳资双方谈判能力不对等、信息不对称等因素，劳动者不能自由地进行意思表示，与用人单位平等协商，这使得劳动合同与格式条款相似，即"对制定的一方来说是自由的，而对相对人来说是不自由的。"[1]所以，《劳动合同法》在规定无效合同事由时，借鉴了《合同法》中格式条款的无效。

2021年，人力资源社会保障部、最高人民法院（以下简称"最高院"）联合发布第二批劳动人事争议典型案例，其中最高院就一份"奋斗者协议"的效力进行了审查。最高院认为，"《劳动法》第44条、《劳动合同法》第31条明确规定了用人单位支付劳动者加班费的责任。该科技公司利用在订立劳动合同时的主导地位，要求张某在其单方制定的格式条款上签字放弃加班费，使得该劳动合同免除了用人单位的法定责任、排除了劳动者权利，显失公平。"[2]本案中的"奋斗者协议"被法院认定为劳动合同中的"格式条款"。其无效的原因一方面是，我国法律对格式条款采用严格限制的立法模式，根据《民法典》第497条之规定："有下列情形之一的，该格式条款无效：……（3）提供格式条款一方排除对方主要权利。"此格式条款也应该被宣布无效；另一方面，该格式条款出现在合同中，是公司主动提供的，即可以明显地推断出是公司在主动排除劳动者的合法权利，而非劳动者自动放弃权利。反观华为的"奋斗者协议"，与典型的格式条款相比，存在几点差异：一、"奋斗者协议"并非在订立合同时成立的，而是入职后劳资双方对劳动合同变更时增加的内容；二、"奋斗者协议"的提供主体是劳动者，而非用人单位。那么"奋斗者协议"能否被认定为合同中的格式条款呢？

首先，针对格式条款成立的时间问题，本文认为，虽然格式条款总是在订立合同时签订的，然而根据《劳动法》和《劳动合同法》的规定，劳

---

[1] 王利明：《对〈合同法〉格式条款规定的评析》，载《政法论坛》1999年第6期。

[2] 人力资源社会保障部、最高人民法院关于联合发布第二批劳动人事争议典型案例之二："张某与某科技公司追索劳动报酬纠纷案——劳动者与用人单位订立放弃加班费协议，能否主张加班费"。

资双方变更合同的内容并没有局限于普通条款，因此可以理解为只要是经过双方平等协商，双方合意并且不违背法律法规强制性规定的变更均应为合同内容，而合同内容就包括格式条款和普通条款。因此，即使格式条款的定义中写明是在订立合同时，但法律也并不否定对格式条款的变更，即增加、删除或者修改格式条款。其次，格式条款之所以受到法律严格的限制，是因为它限缩了一方的意思表示自由，将意思表示之范围从对条款内容的任意表示限缩到了只能接受或者不接受的范围。"奋斗者协议"的提供主体看似是劳动者，实质上是用人单位在变更要求的第一步就提出了"奋斗者协议"内容。劳动者申请成为奋斗者，就必须写下放弃带薪年休假、婚嫁以及加班费等内容。劳动者不参与到条款的制定中，这正是格式条款的本质。

因此，出于保护劳动者的角度，应该将"奋斗者协议"解释为格式条款，然后适用《民法典》第497条之规定，宣布"奋斗者协议"因用人单位排除劳动者权利而无效。

2. 依据普通合同条款的分析

依照前文所述，"奋斗者协议"作为普通条款也满足了《劳动合同法》第26条第1款第2项之规定[1]而无效。但无论是适用《民法典》还是《劳动合同法》，最大的争议是"奋斗者协议"的形式主体只有劳动者。而前引两款法条的主体均是用人单位，"奋斗者协议"从形式上看更像是劳动者主动放弃了自己的权利，而非用人单位主动排除劳动者之权利。

那么，劳动者有权利放弃自己的权利吗？关于劳动者能否放弃权利，立法与司法实践都有不同的解释。一种观点认为，劳动者作为完全民事行为能力人在书面确认放弃该权利后，根据意思自治原则，该意思表示有效，劳动者不能再反悔重新主张权利；另一种观点认为，劳动者放弃权利的约

---

[1]《劳动合同法》第26条第1款第2项规定："②用人单位免除自己的法定责任、排除劳动者权利的。"

定违背了强制性法律规定而无效。笔者认为,关于劳动者放弃权利行为之效力,应当分别讨论。从法益保护和实现法律指引作用的角度讲,劳动法律关系包括劳动者、用人单位和国家三方主体,既包括私法性关系(即用人单位与劳动者之间具有管理与被管理的关系),也包括公法性关系(即用人单位与劳动者之间的劳动法律关系又要受国家的管理制约),具有一定的社会管理性。[1]规制劳动法律关系既要尊重劳资双方的合意,又要规制因劳资双方的地位不平等带来的权利义务之不平等。例如《最高人民法院关于审理劳动争议案件适用法律问题的解释(一)》第35条[2]就规定了劳动者可以就一些权利达成协议。这是考虑到员工在解除劳动关系签订补偿、结算协议时,劳动关系已经或者即将结束,员工不必再接受原单位的管理,双方已没有实际意义上的隶属关系,便不再具有身份属性与劳资双方的不平等性。此时,员工是以与单位平等的民事主体身份签订协议的,因此,上述补充协议不再属于劳动合同,而是一般的民事合同,不再适用劳动合同法,根据民法中意思自治原则。[3]然而"奋斗者协议"不仅不是员工离职时签订的协议,反而是为了能够获得待遇上的优待而同意的合同变更。因此,它属于劳动法管理范围内。那么,"奋斗者协议"放弃权利的相关条款效力如何?笔者认为即使"奋斗者协议"不能满足《劳动合同法》第26条第1款第2项的规定,也应该以"违反法律、行政法规强制性规定的"[4]而

---

〔1〕 王林清、杨心忠:《劳动合同纠纷裁判精要与规则适用》,北京大学出版社2014年版,第239~240页。

〔2〕《最高人民法院关于审理劳动争议案件适用法律问题的解释(一)》第35条规定:"劳动者与用人单位就解除或者终止劳动合同办理相关手续、支付工资报酬、加班费、经济补偿或者赔偿金等达成的协议,不违反法律、行政法规的强制性规定,且不存在欺诈、胁迫或者乘人之危情形的,应当认定有效。前款协议存在重大误解或者显失公平情形,当事人请求撤销的,人民法院应予支持。"

〔3〕 蒋文宝:《员工离职时放弃权利的约定是否有效?》,载《山东冶金》2018年第6期。

〔4〕《劳动合同法》第26条第1款第3项规定:"③违反法律、行政法规强制性规定的。"

被宣布无效。

（1）劳动者放弃加班费行为之效力

首先，违反了由全国人大及其常务会制定的法律或者国务院制定的行政法规。本文认为劳动者放弃加班费之行为因违背《劳动法》和《劳动合同法》的强制性规定而无效。从法律性质上讲，《劳动法》与《劳动合同法》的第1条均明确规定其立法宗旨是为了保护劳动者的合法权益，因此该两部法律是权利性法律，而非管理性法律。《劳动法》[1]和《劳动合同法》[2]明确规定了对工作时间的限制。加班费是根据劳动法中的工时制度衍生而来的，既是对用人单位延长工作时间之限制手段，也是对劳动者劳动价值的认可和休息时间减损的补偿。因此关于用人单位支付加班费的规定绝非为了行政管理或纪律管理的需要，并不是一种管理性规定。

其次，违反了法律强制性规定须为效力性规定。[3]所谓效力性规范，往往是指法律及行政法规明确规定违反后将导致合同无效或者合同不成立的规范；抑或是法律及行政法规虽然没有明确规定，但违反这类禁止性规定后如果继续使合同有效将损害国家利益和社会公共利益的规范。[4]首先，根据

---

　　[1]　《劳动法》第36条规定："国家实行劳动者每日工作时间不超过8小时、平均每周工作时间不超过44小时的工时制度。"第44条规定："有下列情形之一的，用人单位应当按照下列标准支付高于劳动者正常工作时间工资的工资报酬：①安排劳动者延长工作时间的，支付不低于工资的150%的工资报酬；②休息日安排劳动者工作又不能安排补休的，支付不低于工资的200%的工资报酬；③法定休假日安排劳动者工作的，支付不低于工资的300%的工资报酬。"

　　[2]　《劳动合同法》第31条规定："用人单位应当严格执行劳动定额标准，不得强迫或者变相强迫劳动者加班。用人单位安排加班的，应当按照国家有关规定向劳动者支付加班费。"

　　[3]　《最高人民法院关于适用〈合同法〉若干问题的解释（二）》第14条规定："合同法第52条第5项规定的'强制性规定'，是指效力性强制性规定。"

　　[4]　王利明教授提出三分法：第一，法律、法规规定违反该规定，将导致合同无效或不成立的，为当然的效力性规定；第二，法律、法规虽然没有规定违反该规定将导致合同无效或不成立，但若使合同继续有效将损害国家利益和社会公共利益，也应属效力性规定；第三，法律、法规没有规定违反该规定，将导致合同无效或不成立，若使合同继续有效并不损害国家利益和社会公共利益，而只是损害当事人利益的，属于取缔性规定即管理性规定。

《劳动合同法》的规定[1]，不足额支付劳动报酬可以成为劳动者终止劳动合同的法定理由，虽然法律并不是直接规定合同无效或者不成立，但事实上，如果用人单位没有足额支付加班费，劳动者是可以通过行使合同解除权终止合同，从而使合同效力终止。其次，虽然法律没有明确规定，但是用人单位不支付加班费之行为确实损害了国家利益和公共利益。正如前文所述，加班费的主要功能是通过提高劳动力成本来限制用人单位延长劳动时间，从而保障劳动者的休息权。不支付加班费之约定实际侵害了劳动者的休息权。而且这种侵害并不局限于某一家用人单位，而是通过自由市场的竞争机制，蔓延扩散到全行业乃至整个市场，最后形成劣币驱逐良币的局面，即留在市场的企业都是如华为一样"加班文化""奋斗者文化"盛行的违反劳动法的企业。回顾工业革命发展初期，资方无下限地剥削劳动者，其中最常用的手段即为延长工作时间。结果是劳资关系日益加剧，社会矛盾日益尖锐，随着工人罢工运动的进行，经济发展速度下降，社会秩序也遭到破坏。用人单位不支付加班费之行为短期内可以通过降低劳动成本而提高企业效率，从而促进经济发展。然而，该行为会激化劳资矛盾，损害广大劳动者的权益，并且对国家的社会秩序和经济秩序的稳定造成威胁。

综上，劳动法中关于加班费的规定应当属于效力性规范。劳动者与用人单位的约定放弃加班费之行为明显违背法律的强制性规定，自始无效。

（2）劳动者放弃带薪年休假行为之效力

我国《劳动法》《职工带薪年休假条例》规定了劳动者连续工作一年以上的，享有带薪年休假。我国的带薪年休假制度存在两个例外。一个是金钱赎买制度：用人单位经职工同意不安排年休假或者安排职工年休假天数少于应休年休假天数，应当在本年度内对职工应休未休年休假天数，按照其日工资收入的300%支付未休年休假工资报酬[2]，其中包含用人单位支

---

[1] 《劳动合同法》第38条第1款第2项："②未及时足额支付劳动报酬的；"
[2] 郭杰：《带薪年休假的"恩恩怨怨"》，载《企业管理》2017年第12期。

付职工正常工作期间的工资收入；另一个是权利放弃制度：用人单位安排职工休年休假，但是职工因本人原因且书面提出不休年休假的，用人单位可以只支付其正常工作期间的工资收入。"奋斗者协议"似乎属于第二种。然而，从保障劳动者休息权的角度出发，应该对该条款作出严格解释：一、用人单位有安排劳动者年休假的义务，不管劳动者是否拒绝，用人单位最少应尽到安排通知义务；二、劳动者是因本人原因提出不休年休假，且劳动者的放弃应该属于例外情形，只限于对当下之年休假进行放弃，以保证劳动者的灵活支配自己的劳动休息时间，而不是对未来年休假的一次性、永久性的放弃。[1]在"奋斗者协议"中，劳动者是对自己未来不可预见之年休假做出了一次性、永久性之安排，同时也排除了用人单位安排劳动者休假之义务。因此，从保护劳动者权益出发，应当将"奋斗者协议"排除出权利放弃条款许可范围内，从而该放弃行为无效。

二、"奋斗者协议"下劳动者保护的必要性分析

（一）"奋斗者协议"损害劳动者权利

1. "奋斗者协议"侵害了劳动者的休息权

休息权是劳动者保障生存的必要条件，是满足个人发展与实现社会价值的必要手段。因此，自英国于 1784 年明确地限制工作时长后，各国纷纷开始了劳动者休息权法定化的进程。1948 年的《世界人权宣言》不仅明确休息权是基本人权之一，更是将其从道德共识提升至国际法层面。[2]然而，休息权虽然已经在应然层面依靠其道德性获得了应该成为权利之基础，但在法律层面和实然层面仍然阻碍重重。

---

〔1〕 （2017）京 01 民终 8213 号判决书。
〔2〕 参见蓝寿荣：《休息何以成为权利——劳动者休息权的属性与价值探析》，载《法学评论》2014 年第 4 期。

在法律层面，休息权何以具有合法性仍是争议不休。英国学者莫里斯·克莱斯顿就曾反对将休息权通过法律途径转化为实证权利。他是从现实经济发展出发，认为在目前的生产力下，要求为所有劳动者提供"带薪休假"的权利，特别是对于亚拉非等发展中国家，完全是徒劳的[1]。这种思想具体体现在当下许多用人单位以提高企业效率、增强经济发展的借口不断延长劳动者的工作时间。然而，这样的思想实际错误地将休息作为劳动的对立面。而这一错误早在马克思的剩余价值理论中的异化劳动得到了更正。马克思认为异化劳动使得劳动时间分成了社会必要劳动时间和剩余劳动时间，剩余劳动时间和必要劳动时间才是一对矛盾。[2]劳动者的休息权被侵害的本质是剩余劳动时间被侵占。因此，休息和劳动本身并不是矛盾，因为休息时间本是在社会必要劳动时间工作完成后的自由时间。真正的矛盾是休息和异化劳动的对立。而在休息和异化劳动的矛盾出现后，时间在社会的分配中出现了失衡，劳动者的时间不断地被用人单位剥削，从而激化了劳资关系。随后劳资双方又在多次的博弈中逐步将休息制度法律化。因此，休息权作为一种法定权利，它不仅是用以解决休息和异化劳动之间的矛盾的手段，更是私有制生产模式下平衡劳资双方社会关系的重要工具。[3]

在实然层面，当下中国休息权作为法律权利呈现出的现实状态无疑是糟糕的。正如马克思的剩余价值理论所说，资本运转过程中，总是存在剥削劳动者的剩余价值现象，这也是资本的必然发展模式。在劳资双方的对弈中，劳动者的休息权可能会受到来自外在的压力，也出现与劳动者获得职业上的发展的矛盾，种种因素的驱使下，劳动者可能会选择放弃休息权，

---

〔1〕 参见蓝寿荣：《休息何以成为权利——劳动者休息权的属性与价值探析》，载《法学评论》2014年第4期。

〔2〕 中共中央马克思恩格斯列宁斯大林著作编译局编译：《马克思恩格斯全集》，人民出版社1998年版，第101~104页。

〔3〕 黄镇：《休息何以是权利——兼与蓝寿荣教授商榷》，载《云南社会科学》2015年第4期。

来换取工作的机会及待遇的提升。与此同时，许多契约自由主义者支持"奋斗者协议"这种基于劳资双方合意的契约。其实在 20 世纪，以美国为首的西方资本主义盛行契约自由，认为"契约自由让位于社会福利和对一个更公平的工作和生活水准的维护"[1]。但这种基于自由平等理念派生出的契约自由并没有考虑到现实中由于经济社会地位的差异而存在的劳资双方不平等地位，因而在自由经济发展时期，资本主义开始出现经济危机，促使政府不得不开始干预自由市场，因而也有了一系列对劳动者的倾斜保护措施来实现劳资双方实质平等。因此，劳动法本身就是一部限制契约自由的法律，它确立了劳动者权利，并且通过法律的强制实施，排除劳资双方合意，来防止资本运作中对劳动者必然的剥削，从而达到保护弱者、实现社会公平的目的。"奋斗者协议"虽然是双方合意，但是它的本质还是通过侵害劳动者的休息权来剥削劳动者的剩余价值，并在企图模糊扭曲休息权和异化劳动内在矛盾冲突来宣扬一种畸形的"奋斗文化"后，利用用人单位对劳动者天然的优势地位，来驱动劳动者"自愿"放弃休息权。

2. "奋斗者协议"侵害了劳动者的报酬权

报酬权是指劳动者有权在履行劳动义务后向用人单位请求约定或法定的劳动报酬。"奋斗者协议"一方面要求劳动者放弃加班费，这直接影响了劳动者的劳动报酬请求权；另一方面通过口头许诺"奋斗者"年终奖与配股，这直接影响了劳动者的劳动报酬谈判权。劳动者被排除在决定年终奖与配股的标准的过程之外，用人单位具有绝对的决定权。无论是劳动者个人还是劳动者团体都未在其中发挥作用。员工与用人单位的实质上的不平等与企业工会的无为使得劳动者之劳动报酬谈判权丧失了实现的基石。[2]同时，由于华为公司的口头许诺并没有写入"奋斗者协议"中，因此如果

---

〔1〕 ［美］伯纳德·施瓦茨：《美国法律史》，王军等译，法律出版社 2011 年版，第 162 页。

〔2〕 窦婧婷：《从"奋斗者协议"反思我国劳动条件形成机制》，吉林大学 2013 年硕士学位论文。

华为公司没有按照口头许诺给予报酬，劳动者也无任何权利依据向华为公司请求支付许诺之报酬。故"奋斗者协议"损害了劳动者的报酬请求权和报酬谈判权。

（二）"奋斗者协议"对社会及经济发展具有负面影响

"奋斗者协议"是用人单位企图通过延长劳动者工作时间，降低劳动力成本从而实现经济效率的提高和企业利润的增长的手段。这样短期来看可以提高企业的产出，促进社会经济的增长。但从长期利益分析，"奋斗者协议"给社会发展带来的效果是弊大于利的。首先，"奋斗者协议"对劳动者损害极大。休息权和报酬权是劳动者的基本权利，劳动者通过休息恢复脑力和体力，在休息时间里发展个人从而创造更大的社会价值。报酬是劳动者生存之根本，是直接刺激劳动者生产的重要因素。合理的报酬有助于劳动者的生产。其次，从劳动力市场的发展看，"奋斗者协议"会引发劣币驱逐良币的现象。一些采用"奋斗者协议"的企业能通过这个不平等协议获得短暂的效率增长，一定程度上增加其在本行业市场的竞争力，从而迫使剩下的企业，要么采用与之相同的方式，要么面临被挤出市场的命运。最后，整个行业只剩下剥削劳动者权利的企业。再次，"奋斗者协议"使得劳资双方的权利义务不平衡，劳动法保障劳动者权益的功能无法发挥，劳资矛盾激增，贫富差距加剧，社会公平秩序最终被破坏。

综上，"奋斗者协议"本身内容违背了劳动法保护劳动者的原则以及相关的法律规定，亦不能依据契约自由取得合法性。并且"奋斗者协议"损害了劳动者的合法权益，对劳动力市场秩序造成恶劣影响，严重威胁到国家利益和社会利益。因此建立对签订"奋斗者协议"的劳动者的保护机制是必要的。

三、"奋斗者协议"下"奋斗者"的劳动保护机制构建

（一）立法上完善关于劳动者休假的规定

我国的年休假制度设置了金钱赎买、权利放弃制度。金钱赎买使得年休假被 3 倍工资所取代，成为变相增加收入的工具。权利放弃使得劳动者不仅失去年休假而且也失去经济补偿，纵观发达国家中这两项制度都是被严格限制的。[1]正如前文所述，劳动法的强制性规定是为了促进社会的公平，保障弱者的权利。但是我国为年休假制度设置的两种例外，使得劳动基准法的强制性规范事实上变成了非强制性规范，导致了大量的企业利用这两种制度，特别是第二种权利放弃制度来剥削劳动者的剩余价值，侵害其休息权。所以本文建议应该严格限制以 3 倍工资取代年休假的金钱赎买制度，不能授予用人单位随意使用该制度的权利，应该划定金钱赎买的限度和规范金钱赎买的准用条件，并且应该禁止劳动者通过协议降低年休假工资或放弃年休假时长。我国陪产假制度目前没有统一规定，而是由各省根据实际情况做出安排，而地方性法规在没有上位法的情况下无法作为合同无效之法律依据。因此本文建议在法律层面完善陪产假制度，并在推进男女平等，完善家庭育儿以及劳动者权益保护方面对陪产假做出具体规定。

（二）发挥工会的集体协商和监督职能

目前由于工会角色缺失，我国的劳动力市场绝大多数都由公权力介入，进行事前保障、事中监察和事后解决争议的内容。然而，劳动力市场之复杂多变，仅仅依靠公权力来规制，难免存在保障缺失、监察不足以及不能及时解决争议保障劳动者权益的情况。因此，面对劳动力市场，应当同经

---

[1] 参见邱建伟：《我国带薪年休假制度研究》，吉林财经大学 2021 年硕士学位论文。

济市场一样，实行有计划的自由市场体制，即在不改变国家统合模式之前提下，给予协约自治一定空间。而对协约自治模式的尝试的核心是发挥工会的作用。工会的有效运行意味着劳动者集体协商权的实现。在国家无法干预的领域，集体协商能够补充空白，避免劳动者权利保护真空状态的出现。要求工会积极与行业协会、头部企业或企业代表组织开展协商，签订行业集体合同或协议，推动制定行业劳动标准。同时，工会对用人单位的管理权行使负有监督的责任和义务，一旦发现企业违反相关法律政策，应及时向相关劳动保障监察部门举报和反映。

针对"奋斗者协议"这一情况，在华为公司向公司高层发出邮件时，在管理层找劳动者谈话时，在劳动者就此事在企业内部论坛进行谈论时，工会都应该及时介入，在咨询劳动者真实的意思表示后，和用人单位进行协商。工会此时既可以在咨询劳动者意见后要求用人单位以集体合同的方式确定口头承诺的利益给付，保障劳动者的报酬权。同时在用人单位推行"奋斗者协议"时，保障劳动者的自主选择权，防止用人单位的区别对待，或者也可以在确认用人单位之行为违反劳动法相关规定的情况下，要求用人单位及时作出改正。如果单位将工会意见置之不理，工会可以保存相关证据，并将其移交给劳动保障监察部门，协助公权力介入监管。

（三）强化劳动保障监察体制，建立主动审查制度

劳动监察是劳动保障行政部门依法对用人单位遵守劳动法的情况进行检查、监督，并对违法行为予以处罚的执法活动的总称。[1]现实中劳动监察工作存在着几个问题：一是被动监察。监察的方式主要是依靠日常巡查、书面审查和投诉举报等方式，往往不能达到事先预防的目的，只能事后处罚。

---

〔1〕《劳动与社会保障法学》编写组编：《劳动与社会保障法学》，高等教育出版社2018年版，第181页。

二是执法力度不足，《劳动保障监察条例》中规定的处罚[1]对于一些大型企业而言惩罚力度不够。

现行的劳动保障监察制度的监察内容包括了劳动合同和工作时间[2]，监察方式包括书面审查、日常巡查，投诉举报和专项监察[3]。专项监察作为我国的特色执法，主要用于整顿建筑行业拖欠农民工工资问题和非法职业介绍所诱骗劳动者问题，以经常性和突击性检查相结合的方法整治违法行为，此举取得了良好的反映，但这种监察模式对执法部门和人员的要求都很高，专注于此会导致其他监察方式被弱化。[4]本文认为专项监察可与互联网技术结合，通过信息手段，使监察不限于现场检查，而是可以通过网络信息监控，实现对用人单位内部管理的远程监察。同时可以与工会合作，降低监察错误率，提高监察的效率，从而实现在现行监察人员体量不变的情况下，提高监察能力，扩大监察覆盖面，使主动审查制度成为可能。

结　论

"奋斗者协议"是双方的共同意思表示，满足法定合同变更程序，可认定为对劳动合同的变更，应受到劳动法中有关劳动合同规定的规制。通过分析可知"奋斗者协议"一方面违背了劳动法保障劳动者权益之立法目的，

---

[1] 《劳动保障监察条例》第25条规定："用人单位违反劳动保障法律、法规或者规章延长劳动者工作时间的，由劳动保障行政部门给予警告，责令限期改正，并可以按照受侵害的劳动者每人100元以上500元以下的标准计算，处以罚款。"

[2] 《劳动保障监察条例》第11条第2项、第5项规定：②用人单位与劳动者订立劳动合同的情况；⑤用人单位遵守工作时间和休息休假规定的情况；"

[3] 《劳动保障监察条例》第14条规定："劳动保障监察以日常巡视检查、审查用人单位按照要求报送的书面材料以及接受举报投诉等形式进行。劳动保障行政部门认为用人单位有违反劳动保障法律、法规或者规章的行为，需要进行调查处理的，应当及时立案。劳动保障行政部门或者受委托实施劳动保障监察的组织应当设立举报、投诉信箱和电话。对因违反劳动保障法律、法规或者规章的行为引起的群体性事件，劳动保障行政部门应当根据应急预案，迅速会同有关部门处理。"

[4] 黄晓雨：《我国劳动保障监察困境及路径选择》，江西财经大学2021年硕士学位论文。

排除劳动者权利,造成劳资双方权利义务失衡;另一方面也违背了法律法规的强制性规定。因此"奋斗者协议"应当被认定为无效。同时"奋斗者协议"严重侵害了劳动者的合法权益,损害了社会公平,扰乱了劳动市场秩序。故对"奋斗者协议"的规制是必要的。然而,法律漏洞使用人单位有机可乘,工会的角色缺失使用人单位借管理之名行违法之实,同时劳动监察制度的缺陷导致公权力无法充分救济奋斗者。因此本文建议从立法上严格限制年休假的金钱赎买和权利放弃制度和完善婚假、陪产假制度,扶持工会使其充分发挥集体协商和内部监督职能,通过引入互联网技术构建信息化平台来健全监察机制,多管齐下保障奋斗者的劳动权利。

参考文献

[1]《劳动与社会保障法学》编写组编:《劳动与社会保障法学》,高等教育出版社 2018年版。

[2] 后东升主编:《企业劳动用工管理法律实务》,人民法院出版社 2005 年版。

[3] 王利明:《对〈合同法〉格式条款规定的评析》,载《政法论坛》1999 年第 6 期。

[4] 蓝寿荣:《休息何以成为权利——劳动者休息权的属性与价值探析》,载《法学评论》2014 年第 4 期。

[5] 黄镇:《休息何以是权利——兼与蓝寿荣教授商榷》,载《云南社会科学》2015 年第 4 期。

[6] 窦婧婷:《从"奋斗者协议"反思我国劳动条件形成机制》,吉林大学 2013 年硕士学位论文。

[7] 邱建伟:《我国带薪年休假制度研究》,吉林财经大学 2021 年硕士学位论文。

[8] 黄晓雨:《我国劳动保障监察困境及路径选择》,江西财经大学 2021 年硕士学位论文。

买卖合同视角下物权行为理论研究

——兼评《民法典》第597条第1款

许　淇

　　摘　要：根据物权行为理论，债权行为只创设债权债务关系，不能导致物权变动，它之外存在以物权变动意思为构成要件的物权行为。物权行为具有独立性与无因性，是逻辑演绎的结论，并非人为创造。《民法典》第597条第1款承认独立性原则，值得肯定，但其未讨论出卖人与买受人的善意，尚存在缺陷。且本款对无因性保持了回避态度，与独立性原则的逻辑不符。欲改进《民法典》第597条第1款，增强其逻辑性，进而完备整个法典的逻辑体系，还需引入无因性原则。

　　关键词：物权行为；无权处分；买卖合同；独立性原则；无因性原则

A Study on the Theory of Juristic Act of Real Right
from the Perspective of the Contract of Sale
——Article 597（1）of the Civil Code

　　Abstract：According to the theory of juristic act of real right, the act of claim only creates the relationship of claim and debt, and cannot lead to the change of property rights; it exists outside the juristic act of real right with the meaning of change of property rights as the constituent element. The juristic act of real right is independent and uncaused, and is the conclusion of logical deduction, not artificial creation. Article 597（1）of the Civil Code recognizes the principle of independence, which is worthy of recognition, but it is still defective in that it does not discuss the good faith of the seller and the buyer. Moreover, this paragraph maintains an evasive attitude toward the principle of non-causation, which is inconsistent with the logic of the principle of independence. In order to improve Article 597（1）of the Civil Code, enhance its logic, and thus complete the logical system of the entire code, the principle of non-causation needs to be introduced.

Key Words： Juristic Act of Real Right　Unauthorized Disposal　Contract of Sale　the Principle of Independence　the Principle of Non-causation

一、问题的提出

物权行为理论发源于德国，由德国法学家萨维尼最初提出。该理论认为，债权行为只创设债权债务关系，物权变动因债权行为之外独立存在的一类新的法律行为直接导致，即物权行为，物权行为具有独立性与无因性。[1]我国台湾地区学者王泽鉴先生称独立性为：独立于债权行为以外以物权变动为其内容的性质。[2]此处之"内容"，可以理解为以物权变动的意思（物权意思）为构成要件、发生物权变动的效果。基于此，笔者将独立性概括为物权行为与债权行为效果上的分离。相比之下，无因性则强调物权行为在效力上分离于债权行为，不受债权行为影响。德国法学家梅迪库斯解释无

---

〔1〕　王泽鉴：《民法学说与判例研究》（第一册），北京大学出版社 2009 年版，第 113 页。

〔2〕　王泽鉴：《民法物权》，北京大学出版社 2010 年版，第 69 页。

因性道："处分行为（物权行为）应当不问其是否基于某项有效的负担行为（债权行为），而自行发生效力。"[1]

《民法典》第597条第1款吸收了原《最高人民法院关于审理买卖合同案件适用法律若干问题的解释》（以下简称《买卖合同司法解释》）第3条，删除了《合同法》第51条的内容，规定标的物所有权因出卖人未取得处分权不能转移的，买受人可以主张解除合同，要求出卖人承担违约责任。本款肯定了行为人因欠缺处分权限导致处分无效时所订立买卖合同的效力，将移转标的物所有权的行为（物权行为）与订立买卖合同的行为（债权行为）区分处理，正式承认了独立性原则。一些学者对此表示支持：这说明立法者终于认识到了物权行为与债权行为的类型划分对于我国民法的重要性。[2]但部分学者对此提出强烈批评，称这样立法的结果是"灾难性"的。[3]学界关于本款规范的争议说明物权行为理论在我国依然遭受着质疑。鉴于此，本文拟对《民法典》第597条第1款予以评述，探索民法典时代物权行为理论在我国的可能发展，并对该条提出改进建议。

二、规范的理论基础：物权行为理论刍议

（一）物权行为独立性：从物债二分体系说起

物权与债权的区分滥觞于德国法学家萨维尼的理论。萨维尼批评了普通法理论物债不分的不合理性，指出物权与债权性质上的差异：物权是对物（不自由的自然受到限定的特定部分）的支配，具有对世效力，债权是

---

[1] ［德］迪特尔·梅迪库斯：《德国民法总论》，邵建东译，法律出版社2000年版，第176页。原文使用的是负担行为与处分行为的概念，为方便表述，笔者将其替换成债权行为与物权行为，但严格说来，物权行为只是处分行为的一种类型，不能完全等同于处分行为。

[2] 李永军：《民法典物权编的外在体系评析——论物权编外在体系的自洽性》，载《比较法研究》2020年第4期。

[3] 梁慧星：《关于民法典分则草案的若干问题》，载《法治研究》2019年第4期。

对他人（其他自由人格）具体行为的"支配"，只针对特定债务人。[1]从萨维尼具有的康德式自由主义思想出发来理解，此"支配"的含义其实更贴近于当下的"请求"一词。[2]后代法学家对萨维尼的表述进行了修正，提出新的权利分类，将物权划入支配权，债权则纳入请求权的行列，二者具有本质上的不同。尽管萨维尼被奉为物权与债权二元划分的始祖，但他所使用的分类方式不是他个人的独家创造。物权与债权的性质划分，可以追溯至罗马法时期。

罗马法上无物权与债权的概念，甚至无成文的实体权利，它只规定了市民在哪些情形下能够提起 actio，市民也只能以 actio 的方式请求法庭确认自己具有某项权利，进而行使这些权利。罗马法学家通常将 actio 译作"诉讼"，黄风教授认为，诉讼只是 actio 客观层面的含义，主观层面上应当译作"诉权"，即"通过审判要求获得自己应得之物的权利"。[3]因此，罗马法上的诉权与实体权利是合一的，可诉性是实体权利的外在表现，实体权利则是诉权的内在实质。[4]罗马法严格区分对物之诉（actio in rem）与对人之诉（actio in personam），将确认物归属的诉讼纳入对物之诉，与债相关的则列为对人之诉，其实是将物上的"对物权"与债上的"对人权"归入不同的阵营。萨维尼正是在对物权与对人权的划分基础上，进一步提出了物权与债权的划分。

我国明确区分物权与债权，《民法典》第 114 条与第 118 条分别定义了物权与债权，直接指出物权的支配权性质与债权的请求权性质，与萨维尼的划分逻辑大致相符。物权以人对物的支配利用为内容，物权所在的法律

---

〔1〕 金可可：《私法体系中的债权物权区分说——萨维尼的理论贡献》，载《中国社会科学》2006 年第 2 期。

〔2〕 金可可：《私法体系中的债权物权区分说——萨维尼的理论贡献》，载《中国社会科学》2006 年第 2 期。

〔3〕 ［意］彼德罗·彭梵得：《罗马法教科书》，黄风译，中国政法大学出版社 1992 年版，第 85 页。

〔4〕 金可可：《简论罗马法上对人之诉与对物之诉的区分》，载《学海》2007 年第 4 期。

关系，标的应当是特定物，债权则以一人请求另一人为特定给付为内容，其所在的法律关系应当以特定给付为标的。因此，物权与债权各自处于不同的法律关系——物权关系与债权债务关系中，法律关系的变动效果也是不同的：物权关系的变动只能引起物权的设立转让与消灭等物权法上的效果，债权债务关系变动则可能导致债权让与等债法上的效果。行为人为了实现这些不同的法律效果，表达的意思也不可视为一致，物权意思就此产生，与债权意思分立。有学者否认物权意思与债权意思的分立，指出物权意思应当包含于债权合同，不必独立成一种新的法律行为。[1] 对于即时交易而言，将物权意思纳入债权意思无可厚非，因为出卖人与买受人一手交钱一手交货，合同成立时就届履行，如果仅考虑即时买卖，物权意思独立的确无此必要。但随着社会经济的发展，交易形式多元化，线上交易逐渐增多，线下即时买卖的比例逐渐降低，笼统的债权意思涵盖物权意思的观点已经不能适应全部的交易形式，以未来物交易为例，出卖人与买受人订立合同时，标的物尚未产生，出卖人与买受人之间的债权合同中只有债权意思，不能认为其包含物权意思。因为物权意思的效果是物权变动，要求标的特定，债权意思则无此要求，但标的物尚不存在，不可能特定，只有标的物实际产生时才具有特定的可能性，在此之前物权意思概不产生。这也是债权意思不能蕴含物权意思的内在原因。综上，物权意思独立于债权意思，既是交易形式进步的需要，也是内在的性质使然，不应否认。因此，根据法律行为理论，物权意思参与的法律行为（物权行为）也应当独立于债权行为。由此可见，物权行为的独立是物债二分体系逻辑的自然导出结果。[2] 但应当明确一点，物权行为独立性是针对债权行为而言的，对于无债权行为原因（例如抛弃动产所有权），或者虽与债权行为共存但可有可无的物权行为（例如设置担保物权），根本无独立性可言，只有买卖、互易与

---

〔1〕 王利明：《物权行为若干问题探讨》，载《中国法学》1997 年第 3 期。

〔2〕 李永军：《物权与债权的二元划分对民法内在与外在体系的影响》，载《法学研究》2008 年第 5 期。

消费借贷等情形下，物权行为独立性才有讨论空间。[1]

（二）物权行为无因性

无因性指物权行为的效力不受其原因（债权）行为的影响，原因（债权）行为有效非物权行为有效的前提。国际上关于无因性的辩论数十年来一直处于白热化的状态，热度从未消减，堪称物权行为理论纷争的核心战场，就连在本国民法典中明确承认物权行为无因性的德国，其学界也是争执不下。德国法学家梅迪库斯称："无因原则的意义比民法典的制定者所设想的意义要小得多"。[2]雅科布斯却指出：在罗马法债的定义下，将转让所有权的行为与法律基础分离是思考的必要。[3]梅迪库斯侧重对实际效果的分析考虑，雅科布斯则更偏向于逻辑。笔者支持雅科布斯的观点。如果债权行为的有效或者无效，会相应地影响物权行为的效力，物权行为将沦为债权行为的牵线傀儡，实际效果受到债权行为的控制，不足以单独引起物权变动。物权变动根本上还是债权行为的法律效果，独立性只具有形式意义。即便是反对物权行为理论的学者也指出，若此则"物权行为虽具有理论上的抽象性，但法律效果上难见其意义，其价值大打折扣"。[4]可见，即使是不承认无因性的学者，也不否认无因性与独立性之间内在的逻辑联系。此外，无因性上承独立性，将物权行为与债权行为进一步分离，使物权法律关系与债权债务关系能够借此彻底分立，亦是对《民法典》的物债二分

---

[1]　谢怀栻、程啸：《物权行为理论辨析》，载《法学研究》2002 年第 4 期。

[2]　[德]迪特尔·梅迪库斯：《德国民法总论》，邵建东译，法律出版社 2000 年版，第 178 页。

[3]　[德]霍尔斯特·海因里希·雅科布斯：《十九世纪德国民法科学与立法》，王娜译，法律出版社 2003 年版，第 219 页。

[4]　崔建远：《处分行为理论真的那么美妙吗？——〈民法总则〉（草案）不宜采取负担行为与处分行为相区分的设计》，载《中国政法大学学报》2016 年第 5 期。

理念强有力的支持。[1]否则，债可以操控物权变动的效力，物债二分实质上"藕断丝连"，一方面物债分离，另一方面又不准其分离，体系上自相矛盾。[2]无因性能够很好地解决上述矛盾，增强民法体系自身的内在逻辑性。

但无因性理论不是完美的，以不动产买卖为例，依据无因性理论：当不动产买卖合同因错误被撤销时，出卖人与买受人间的物权行为依然有效，不动产依然归买受人所有，此时为了避免出卖人的利益受到损害，不当得利制度介入，出卖人基于不法原因之给付可请求买受人返还不动产（不当得利返还请求权），并作更正登记。但若买受人更正登记前将该不动产出卖给第三人，此时由于买受人系有权处分，第三人因登记取得不动产所有权。如果第三人非善意，无因性的处理则过于绝对。无因性认定买受人的物权行为对于第三人有效，不问第三人善意与否，存在过度保护非善意第三人之嫌。虽然第三人与买受人之间的买卖合同与不动产登记行为可能因串通行为或者违反公序良俗归于无效，但因重大过失不知道买卖合同已经撤销的第三人，依然可以因买受人有权处分取得不动产所有权，使应当受到保护的出卖人利益被忽视，且不能被其他制度补正。

为了解决无因性过于绝对的问题，德国学界与司法实践提出了无因性相对化理论，其中的行为一体性学说可以处理上述此类情形。[3]行为一体性说指物权行为附系于债权行为之有效或与违背公序良俗之债权行为不可

---

[1] 李永军：《物权与债权的二元划分对民法内在与外在体系的影响》，载《法学研究》2008 年第 5 期。

[2] 李永军：《物权与债权的二元划分对民法内在与外在体系的影响》，载《法学研究》2008 年第 5 期。

[3] ［德］迪特尔·梅迪库斯：《德国民法总论》，邵建东译，法律出版社 2000 年版，第 181~185 页。无因性相对化学说主要观点如下："瑕疵的同一性"（共同瑕疵说），"处分行为附条件"（条件关联说）与"行为的一体性"（行为一体性说）。共同瑕疵说主张，若债权行为与物权行为基于同一意思瑕疵作出，则可基于该瑕疵同时撤销或者被宣告无效，多用于欺诈与胁迫情形。条件关联说适用于物权行为人特别约定以债权行为有效作为物权行为的有效条件的情形。

分离的，应以之为一体而均为无效。[1]但其所谓"附系"之标准，本文认为与"条件关联"相同。[2]因此，行为一体性说只能适用于债权行为违背公序良俗的情形，德国法院审理此类案件时也人为地将债权行为与物权行为合一处理，同时宣布债权行为与物权行为无效，以保护出卖人利益。但本文认为，相对化学说突破无因性转向有因性的做法存在舍本逐末之嫌，不应提倡。债权是流动的财产，物则是较为稳定的静态财产。物权的类型、内容、存在与否、归属何人均涉及公共利益，关乎社会生活的安定性，应当避免使其受到不稳定的债权影响而时刻可能陷于不安定状态，否则物权的不确定性将大大增加，不利于公民稳定持有其财产，也对物权立法定分止争的基本功能的实现无益。

三、规范的逻辑与价值

（一）外在逻辑与倾向

前文述及，本款规定了出卖人无权处分情形下买卖合同的效力，虽然不是直接表示其有效，但字里行间表达了肯定态度，承认了处分权限不是买卖合同的效力要件，接受了负担行为（债权行为）与处分行为（物权行为）的区分原则（独立性原则）。[3]但本款规范的制定并非我国第一次对独立性原则表示认可，在《民法典》制定前的单行法时代，无权处分不会影响买卖合同的效力就已经成为了我国司法实践的通说。[4]最高人民法院也

---

〔1〕 史尚宽：《物权法论》，中国政法大学出版社 2000 年版，第 26 页。

〔2〕 ［德］迪特尔·梅迪库斯：《德国民法总论》，邵建东译，法律出版社 2000 年版，第185 页。

〔3〕 黄薇主编：《中华人民共和国民法典合同编解读》（上册），中国法制出版社 2020 年版，第 494 页；最高人民法院民法典贯彻实施工作领导小组主编：《中华人民共和国民法典合同编理解与适用》（二），人民法院出版社 2020 年版，第 861 页。

〔4〕 最高人民法院民法典贯彻实施工作领导小组主编：《中华人民共和国民法典合同编理解与适用》（二），人民法院出版社 2020 年版，第 864 页。

公开表示应当对债权行为与物权行为的概念予以辨析。不只是司法界，2007年出台的《物权法》第 15 条将物权变动的原因（债权行为）与结果（物权变动的法律效果）分离，也为立法者最终承认债权行为与物权行为的分立埋下了伏笔。质言之，本款并未开创物权行为理论入法的先河，而是顺应单行法时代的立法潮流，将其落实到法典中。

但我国立法之初完全不承认其独立性，甚至不承认物权行为。原《合同法》第 51 条规定，无处分权的人处分他人财产，只有经权利人追认或者行为人取得处分权才能使合同有效。学界称此合同为"无权处分合同"。根据此条，无权处分合同效力受到出卖人处分权限瑕疵的影响，处分权限成为了合同的特殊效力要件，"处分"与"合同"的概念此处被混同了：无权处分合同，就是无权处分。有学者对此表示强烈批评，直指无权处分合同的概念背后的法理混乱，无权处分是物权行为，无权处分合同则应当是债权行为，前者直接关系物权变动，后者则直接关系债权债务关系的变动，将"处分"与"合同"混为一谈，不符合物权行为理论的基本要旨。[1]可见，我国立法者起初根本不分债权行为与物权行为，更谈不上接受物权行为的独立性。

此规则的弊端很快在实践中显露出来，购买他人无权处分之动产或者不动产但未受领交付或者办理登记的善意买受人可能因此遭受不利，交易安全受到威胁。以（2011）镇安民初字第 094 号判决书为例，被告欺骗原告房屋为自己所有，原告相信了被告的陈述，购买了被告出售的房屋，办理登记之前，被告的前夫持与被告的离婚判决书主张房屋为自己所有，将原告赶出门，但原告对被告无房屋所有权的事实毫不知情。原告除了根据《民法通则》第 58 条主张自己与被告的房屋买卖合同因被告的欺诈而无效，只能根据《合同法》第 51 条请求法院确认合同因被告的无权处分不被权利

---

[1] 孙宪忠：《关于无权处分问题的几点看法》，载中国法学网，http://iolaw.cssn.cn/bwsf/201912/t20191223_ 5063741. shtml，最后访问日期：2021 年 11 月 24 日。

人追认而无效，再根据《合同法》第 58 条与第 42 条要求被告返还房屋价款，承担缔约过失责任（但原告未作此主张）。[1]由于被告的欺诈，原告不但丢了房屋，而且也不能要求被告承担违约责任，赔偿自己的既得利益损失，只能获得预期利益的损害赔偿，这显然不利于保护原告的利益。而且，随着社会经济发展，交易形式日渐多样化，大量未来物交易出现。如果完全按照《合同法》第 51 条的规定，这些未来物买卖合同应当全部效力待定，因为未来物尚未产生，根本不存在权利人，出卖人订立的合同是无权处分合同，只有未来物产生且被出卖人所有，合同才能有效，相当于给合同附加了一个生效条件，条件内容就是出卖人所有标的物，条件成就前，合同不生效力，买受人不能因出卖人迟延履行要求其承担违约责任。一些学者开始认识到，债权行为的效力不应受到行为人处分权限的影响，立法界与司法界也逐渐看到了债权行为与物权行为分离的意义。

2012 年，最高人民法院出台了《买卖合同司法解释》。该解释第 3 条规定，如果出卖人因不能取得处分权导致标的物所有权不能移转至买受人，买受人可以主张违约责任或者要求解除合同并主张损害赔偿。此条款使用"违约责任""解除合同"的措辞，暗示无权处分合同应当是有效的。随后，最高人民法院在（2014）民四终字第 51 号民事判决书中解释了"处分"的含义，对无权处分与无权处分合同的效力进行了划分，"上述规定表明合同法第 51 条仅适用于处分行为（物权行为）即标的物所有权的转移变更。换而言之，出让人对标的物没有处分权的，其订立的合同（债权行为）仍然有效，但标的物所有权是否发生转移，则处于效力待定状态"。[2]无权处分合同的概念适才清晰了起来，从最初与"无权处分"混同，转变为"标的为无权处分行为的买卖合同"。《买卖合同司法解释》第 3 条与《合同法》第 51 条的关系也得到了理顺，前者肯定无权处分合同的效力，后者调整无

---

〔1〕 镇平县人民法院（2011）镇安民初字第 094 号民事判决书。
〔2〕 最高人民法院（2014）民四终字第 51 号民事判决书。

权处分行为的效力为待定状态，分工明确。独立性也被大多数学者接受，成为学界的主要观点。自此，独立性逐渐成为新的立法倾向，最终被《民法典》采纳。

但是无因性却受到冷落。本款只规定债权合同（原因行为）效力不受物权行为效力影响，对于物权行为的效力是否受到作为其原因的债权合同干预，既无明确肯定，也不公然否认。全国人大常委会法制工作委员会在对本款的解读中亦对无因性无涉及。[1]相比之下，司法界的态度一直很明确，《民法典》出台前，各人民法院纷纷在裁判意见中支持有因性原则，称："我国未采取物权行为的无因性，而是采取了物权行为的有因性。"[2]甚至直接援引有因性理论："基于物权变动的有因性……债权行为无效……物权变动结果随之无效。"[3]《民法典》出台后，最高人民法院解读本款时也坦言：我国通说未接受德国法上的物权行为无因性理论。[4]有因性的观点在我国司法实践上通行多年，本款不予以纠正，盖可理解为立法者对我国司法立场的默许，无因性依然不被立法接受。

部分学者对此颇有微词，指出如果不承认物权行为的无因性，债权与物权就不可能真正地区分，相互的规则也难以制定。[5]亦有学者表示赞同，认为接受物权行为的独立性、放弃无因性不论是技术还是价值上均具有包容性，可以用作当前相对稳妥的方案。[6]但无论是哪一方都不能完美地回应

---

〔1〕 黄薇主编：《中华人民共和国民法典合同编解读》（上册），中国法制出版社 2020 年版，第 491~496 页。

〔2〕 湖北省高级人民法院（2019）鄂民终 1109 号民事判决书；吉林省高级人民法院（2016）吉民申 59 号民事裁定书；北京市高级人民法院（2019）京民终 145 号民事判决书。

〔3〕 广东省高级人民法院（2017）粤民申 9993 号民事裁定书。

〔4〕 最高人民法院民法典贯彻实施工作领导小组主编：《中华人民共和国民法典合同编理解与适用》（二），人民法院出版社 2020 年版，第 861 页。

〔5〕 李永军：《民法典物权编的外在体系评析——论物权编外在体系的自洽性》，载《比较法研究》2020 年第 4 期。

〔6〕 茅少伟：《民法典编纂视野下物权变动的解释论》，载《南京大学学报（哲学·人文科学·社会科学）》2020 年第 2 期。

对方所有质疑，也不能将对方的观点彻底击败。[1]对立法是否应当接受无因性的问题，学界尚不能形成统一意见。总体而言，我国虽然已经接受了物权行为独立性，但对无因性的接受程度还比较低，无因性原则欲进入《民法典》，还需要漫长的接受过程。

（二）内在逻辑与倾向

独立性逐渐受到承认，其实反映了本款规范价值逻辑的演变，本款规范关系到绝对权利益与交易安全等利益保护的权衡，蕴含着敏感的体系效应，因此欲分析本款的内在逻辑，需要结合其他制度的规定。[2]本款规范的适用范围比较广泛，未来物买卖、抵押人出卖抵押物等情形均可受其调整，以出卖他人之物最为典型，笔者试举一例加以说明：甲将帮助保管的乙之动产出卖给善意的丙。这里存在着三方法律关系：（1）甲与乙之间；（2）甲与丙之间；（3）乙与丙之间。甲乙之间存在基础的保管合同关系，甲出卖乙之动产，违反了保管合同约定的妥善保管义务，同时侵害了乙的所有权，甲乙之间产生违约与侵权的竞合关系，这无可非议，问题的重点在于买受人丙参与的法律关系应当如何分析。

根据《合同法》第51条，否认物权行为及其独立性，出卖人甲无处分权，其与善意买受人丙之间的买卖合同系属"无权处分合同"，效力待定，需要权利人乙的追认。若乙拒绝追认，合同不生效力，丙不能获得该动产所有权，乙依然是动产的所有权人，可以追及至物之所在（交付前出卖人甲，交付后买受人丙），请求其返还原物，同时向甲主张损害赔偿责任。丙此时可以根据《合同法》第58条与第42条要求甲返还全部价款，承担缔约过失责任。但缔约过失责任的赔偿范围非常有限，丙只能获得预期利益

---

〔1〕 于海涌：《论绝对物权行为理论之建构——对萨维尼物权行为理论的矫正》，载《法商研究》2006年第4期。

〔2〕 姚明斌：《善意取得之合同效力要件再检视——基于〈物权法解释（一）〉第21条展开》，载《法学》2017年第5期。

的损害赔偿，对于其他既得利益的损失则无从救济。规范的设计明显倾向于保护权利人的绝对权利益，而对买受人利益疏于保护。[1]出卖他人之物者对买受人只须承担缔约过失责任，背信弃义的成本太低，容易使意图从他人财产中获利的人产生侥幸心理，产生更多不诚信的交易，损害交易安全。

《物权法》出台后，第106条规定了善意取得制度，情况则有所改观。但该条与《合同法》第51条共存，导致了一个解释困境：善意取得的成立是否应当以合同有效为必要条件？学者对此提出了"合同有效必要说"与"合同有效非必要说"的观点。[2]崔建远教授认为，《物权法》颁布前删除了草案中"转让合同有效"的要件，应当视为立法对前述"非必要说"的承认，善意取得作为物权取得的法定事由，不应受到转让合同效力的影响。[3]笔者赞同崔教授的观点。对于《合同法》第51条与该条的关系，学者也有争议，通说认为应优先适用该条。[4]综上，即使上例中权利人乙拒绝追认导致出卖人甲与买受人丙的合同无效，丙也可能因成立善意取得获得动产所有权，善意买受人的合理信赖得到了一定的保障。但善意取得的成立条件受到限制，出卖人与善意买受人须以合理价格转让且完成公示，若任意一项不能成就，例如甲担心东窗事发受到乙阻挠，想要尽快转手而将价格降至市场价的百分之十，或者是交付前甲应乙请求返还原物占有，不能够履行交付，丙均不能取得所有权。此时，因为《合同法》第51条不能将债权行为与物权行为区分处理，一旦甲丙之间的合同无效，丙的救济手段则又回到《合同法》第58条与第42条，只能要求甲返还价款，主张其缔约

---

〔1〕 石冠彬：《论无权处分与出卖他人之物——兼评〈合同法〉第51条与〈买卖合同解释〉第3条》，载《当代法学》2016年第2期。

〔2〕 姚明斌：《善意取得之合同效力要件再检视——基于〈物权法解释（一）〉第21条展开》，载《法学》2017年第5期。

〔3〕 崔建远：《物权法》，中国人民大学出版社2014年版，第79页。

〔4〕 王若冰：《无权处分与善意第三人的保护——兼论〈合同法〉第51条与〈物权法〉第106条的关系》，载《法学杂志》2012年第12期。

过失责任。可见,《合同法》第 51 条虽然容忍了善意取得制度对权利人物权利益保护的限制,价值逻辑开始向保护善意买受人偏移,但受限于不承认独立性原则,善意买受人依然无法得到十分周全的保护,总体上还是倾向于保护权利人的物权利益。

而在 2012 年《买卖合同司法解释》出台后,根据该解释第 3 条,甲与丙之间的买卖合同合法有效。《合同法》第 51 条的含义被解读为无权处分行为效力待定,而非合同效力待定,换言之,权利人拒绝追认的,出卖人的无权处分行为无效,其与买受人的买卖合同依然有效。物权行为的独立性被本规范承认,善意取得制度的适用方式也出现了变化,善意取得不再是法定的物权取得事由,而成为了物权行为有效的特殊事由。[1]若交易情形符合《物权法》第 106 条第 1 款规定的条件,则该无权处分行为因成立善意取得的例外而有效,买受人获得所有权。上例中,若乙拒绝追认,即使因价格不够合理或者尚未受领交付善意取得不能成立,丙不能以有效的物权行为取得所有权,也可根据《合同法》第 107 条要求甲承担违约责任,赔偿自己因此受到的全部损失。如果合同约定了违约金或者丙交付了定金以担保甲的债权,还可选择适用《合同法》第 114 条关于违约金或者第 115 条关于定金罚则的规定,请求甲支付违约金或者 2 倍返还定金。独立性原则与善意取得制度的配合,给予了善意买受人的利益相对周全的保护,动态的交易安全也受到进一步保障。本款继承了《买卖合同司法解释》第 3 条,删除了《合同法》第 51 条这一争议较大的条文,全面贯彻独立性原则,与《民法典》第 311 条(原《物权法》第 106 条)协作适用,从法典层面进一步加强保障交易的力度,得到了学者的广泛支持。[2]从《合同法》第 51 条到本款,无权处分合同效力规则的内在逻辑从保护权利人的绝对权利益,逐渐向维护交易秩序靠拢,也显示出立法政策对于交易保护的倾斜,有利

---

〔1〕 崔建远:《物权法》,中国人民大学出版社 2014 年版,第 79 页。

〔2〕 石冠彬主编:《中华人民共和国民法典立法演进与新旧法对照》,法律出版社 2020 年版,第 626 页。

于鼓励市场交易，提高经济活力，符合当前社会经济发展的需要。

但部分学者依然不支持本款删除《合同法》第 51 条，认为立法的选择厚此薄彼，只着眼于善意买受人的利益，使权利人陷入不利的处境，财产利益随时有被侵害的危险，[1]举例分析：某人对他人所有的古画萌生歹意，借帮运之机故意出卖了该古画后，将出售所得价款挥霍殆尽，若依本款规定，无处分权人订立的买卖合同有效，买受人基于生效的合同取得古画所有权，原权利人不能对买受人主张权利，请求其返还原物，只能向出卖人主张损害赔偿，但此时出卖人已经将价款全部挥霍，清偿能力不足，权利人只能无端蒙受经济损失。[2]本文认为，这个逻辑略显陈旧，似在套用"债权意思包含物权意思"的旧逻辑分析肯定物权意思独立存在的新规则，为什么买卖合同有效买受人就一定能够取得所有权呢？依照独立性原则，虽然买卖合同这一债权行为有效，但移转古画所有权的物权行为因处分人缺乏处分权限暂时不生效力，买受人不能获得古画所有权，对古画系无权占有，权利人完全可以基于《民法典》第 235 条向买受人追回原物，利益不受影响。[3]根据《民法典》第 311 条，只有买受人善意地支付合理的价格且受领交付，才能成立善意取得，获得所有权。虽然这时原权利人只能

---

〔1〕 梁慧星：《关于民法典分则草案的若干问题》，载《法治研究》2019 年第 4 期。

〔2〕 梁慧星：《关于民法典分则草案的若干问题》，载《法治研究》2019 年第 4 期。

〔3〕 这里存在一个问题，因不是本次讨论的重点，笔者在此简要说明：《民法典》第 597 条第 1 款删除《合同法》第 51 条规定，但未补充规定权利人追认的效果，造成权利人追认的法律效果不能确定。但本文认为，权利人的追认不应当因此失掉法律意义，其效果应当与法典出台前保持一致。《合同法》第 51 条之所以规定无权处分行为效力待定，是因为无处分权人的无权处分行为在权利人毫不知情的情况下侵害了权利人静态的财产利益。《宪法》第 13 条规定了国家对公民私人合法财产的保护，法律赋予权利人追认权，允许权利人在自己的财产安全受到威胁的时候介入交易，以追认的方式干预交易的效力，以保护自己的合法财产，符合宪法精神。如果法律不赋予权利人追认权，无异于表示公民的财产利益若被他人非法侵害，不能在严重后果发生前采用合适的手段自行救济，只能在损害发生后向侵权人主张损害赔偿，但侵权人很可能无偿付能力，此时公民将无从救济，只能承受财产损失的结果。因此，权利人的追认权应当受到法律承认。民法是私法，遵循"法无禁止皆自由"的原则，虽然《民法典》第 597 条第 1 款删除了《合同法》第 51 条的规定，但不否认权利人追认的效果，不应当解释为权利人的追认失去法律根据，对追认的效果应当作肯定的解释。

向出卖人主张损害赔偿，其债权利益陷入因出卖人欠缺清偿能力而不能实现的可能性，但这不是本款接受物权行为独立性造成的"缺陷"，而是我国立法在物权利益与交易利益之间做出的取舍：通过设立善意取得制度，牺牲一定的绝对权利益，保护善意的交易，这是价值的衡量，不是制度的漏洞。

四、规范的缺陷与改进

尽管大多学者对本款接受独立性原则持赞成态度，但始终存在的反对声提示着学界与立法，本款不是完美无缺的规则，技术与价值进步的背后，依然存在着些许不足之处亟待润色。

（一）限制适用对象

本款将无处分权人订立的买卖合同一律认定为有效，对买受人的善意与否在所不问，不免绝对。若买受人自始知道或者应当知道但因未尽合理注意义务而不知道出卖人处分的是他人之物，则他应当预见到（即使他未真正预见）该合同约定的内容可能因权利人主张权利而不能实现。买受人若据此认识依然选择订立合同，则合同目的落空导致损失的风险实际系买受人自愿承担。买受人毫无合理信赖可言，这样的交易也不必受到特别保护。依此条，非善意买受人虽然不能终局性地保有标的物的物权利益，但是能够基于有效的买卖合同向出卖人主张违约责任，可以请求损害赔偿，也可以根据合同约定请求违约金或者多倍返还定金，享有与善意买受人同等的法律地位，这表示买受人可以通过实施恶意或者疏于合理注意的行为获得对出卖人的债权——标的物交付请求权与违约责任中的请求权。买受人被给予过度的优待。如果出卖人无任何过失，例如出卖人误以为他人之物是自己合法继承的遗产将其处分，则会出现恶意人对善意人要求赔偿的情形，恶意买受人很可能利用出卖人的无知，骗取巨额违约金，对出卖人十分不公平。学者对此批评道："将善意买受人与恶意买受人无差别化处理，对恶意买受人同样优待，有失权衡，不够正当。"[1]

如果对本款的适用对象加以限制，只适用于善意买受人，以买受人非善意作为本款合同无效的特殊事由，情况会更加合理，正如法谚语："因不道德而生之约束，无效（Quid turpi ex causa promissum est non valet）"。[2]这里借前文甲出卖乙所有之动产给丙之例加以说明，不同的是，丙非善意。丙既不能成立善意取得，也不能基于有效的买卖合同要求出卖人甲承担违约责任，最多只能根据《民法典》第500条主张甲的缔约过失责任，获得微薄的赔偿。此时，非善意买受人不但法律地位低于善意买受人，也因自己的背德或者重大过失的行为承受了损失，出卖人除需对权利人承担侵权责任外，还需对买受人负有适当责任，不诚信的缔约人均为自己的行为付出了代价。但对于无过错的出卖人，情况则需要进一步细化，因为此时只有买受人是存在过错的，要求无过错的出卖人向有过错的买受人承担损害赔偿责任，不合情理，亦不合法理。若出卖人无从知晓自己无处分权的事实，免除买受人的合同责任请求权似乎妥当。综上，笔者建议在本款原文后添加：买受人知道或者应当知道出卖人无处分权的，合同不生效力；出卖人无理由知道自己无处分权的，知情或者应当知情的买受人不适用本法第500条规定。

（二）引入无因原则

虽然本款不承认无因性，但其接受独立性是一个较好的开端，说明物权行为理论在我国的接受度有所提高。物权行为理论是用抽象的方法创造出来的概念，富有思辨性但不够显而易见，与生活存在一定的距离，这也

---

〔1〕 崔建远：《无权处分再辨》，载《中外法学》2020年第4期。

〔2〕 郑玉波：《法谚》（二），法律出版社2007年版，第124页。

是其一直饱受争议的主要原因。[1]我国立法上始终不存在一套成熟的物权行为与债权行为的二分体系，传统的"一手交钱，一手交货"的交易理念也让受到法律约束的人们在潜意识中将买卖的效力与物权变动的效力结合在一起。[2]这样的背景下，如果《民法典》贸然采纳无因性的观点，确实稍显突兀，可能造成实务上的困境，无因性原则入法典不可操之过急。但在《民法典》已经接受物权行为独立性的背景下，为保证体系逻辑的严谨，一直冷落无因性原则并非我国立法的适当选择。基于此，笔者建议立法者以本款为切入点，将无因性正式引入法典。

但须慎知，无因性原则与我国民法现行的制度体系并不能光滑地衔接，善意取得制度经常成为学者排斥无因性原则的理由。我国台湾地区学者王泽鉴先生认为，善意取得制度让无因性失去了适用的基础，因为善意取得制度可以发挥无因性所具有的保护交易安全的作用。[3]笔者认同无因性原则与善意取得制度之间的尴尬关系，但对王先生的观点不敢苟同。善意取得制度虽然能够很好地保护交易，但只适用于无权处分的情形，无因性作为一般性原则，可以适用于全部交易情形。虽然奉行无因性原则可能使得无权处分的情形大为减少，善意取得制度的适用范围受到限缩，但这不能算是无因性原则的缺陷，因为善意取得制度所欲保护的利益并不会因为接受无因性原则受到损害，反而被保护得更为彻底。无因性不问善意，可能对非善意的买受人过度保护，可以通过制度调整，以善意取得制度作为无因性理论的修正工具，将无因性原则的效果限于相对人善意的情形，以完善制度的价值逻辑。

---

〔1〕 ［德］K. 茨威格特、H. 克茨：《"抽象物权契约"理论——德意志法系的特征》，孙宪忠译，载《外国法译评》1995 年第 2 期。

〔2〕 崔建远：《处分行为理论真的那么美妙吗？——〈民法总则〉（草案）不宜采取负担行为与处分行为相区分的设计》，载《中国政法大学学报》2016 年第 5 期。

〔3〕 王泽鉴：《民法学说与判例研究》（第一册），北京大学出版社 2009 年版，第 122 页。

在物权行为应采有因还是无因性原则的问题上，葛云松教授还指出，物权行为无因性只意味着物权行为不以原因存在为生效要件，并非不许当事人约定以其为要件。[1]出卖人与买受人依然有其意思自治的空间，可以将无因性效果约定排除。可见，无因性更具包容性，而有因性很难接受无因性，立法技术上无因性似乎更胜一筹。[2]

综上，无因性不论是逻辑，还是立法价值，抑或是立法技术均更适于《民法典》的发展，值得提倡。但正如笔者前述，无因性原则的入法不是一蹴而就的，要让立法接受无因性规则，还需要实践的推动与学者的不懈努力。

五、结语

物权行为理论自产生起就备受争议，它虽然抽象，但是具有逻辑的完整性。物权行为是我国物债二分体系的逻辑产物，它的独立性与无因性也是从逻辑上演绎推出的结论，具有天然的合理性。物权行为理论可以"把庞大复杂的现实生活关系依法律技术归纳调整，建立起层次清晰的可以控制的法律体系"，具有结构上的美感，有利于法官审理案件时厘清法律关系，不受债权债务关系与物权变动间效力互相影响的干扰，简化司法实践上的涵摄分析。[3]

本款吸收了《买卖合同司法解释》第3条的规定，删除了《合同法》第51条的规定，承认了物权行为独立性，值得肯定。但本款对买受人与出卖人的善意在所不问，需要改进。另外，该条对无因性保持了回避态度，司法实践甚至直接支持有因性，这其实是不符合逻辑的，考虑到我国的立

---

〔1〕 葛云松：《物权行为理论研究》，载《中外法学》2004年第6期。

〔2〕 董安生：《民事法律行为》，中国人民大学出版社2002年版，第185页；葛云松：《物权行为理论研究》，载《中外法学》2004年第6期。

〔3〕 ［德］K. 茨威格特、H. 克茨：《"抽象物权契约"理论——德意志法系的特征》，孙宪忠译，载《外国法译评》1995年第2期。

法现状，我们也只能表示理解。《民法典》的出台是我国法治进程上的一座里程碑，它的进步对于我国法治建设意义深远。本款虽然暂时不承认无因性原则，但不意味着对无因性永久的否认。笔者相信，无因性理论的逻辑价值与技术价值总有一天会被立法者接受，届时《民法典》将在严谨的逻辑轨道上行稳致远。

参考文献

[1] 最高人民法院民法典贯彻实施工作领导小组主编：《中华人民共和国民法典合同编理解与适用》（二），人民法院出版社 2020 年版。

[3] 黄薇主编：《中华人民共和国民法典合同编解读》（上册），中国法制出版社 2020 年版。

[4] 石冠彬主编：《中华人民共和国民法典立法演进与新旧法对照》，法律出版社 2020 年版。

[5] 史尚宽：《物权法论》，中国政法大学出版社 2000 年版。

[6] 崔建远：《物权法》，中国人民大学出版社 2014 年版。

[7] 郑玉波：《法谚》（二），法律出版社 2007 年版。

[8] 董安生：《民事法律行为》，中国人民大学出版社 2002 年版。

[9] 王泽鉴：《民法学说与判例研究》（第一册），北京大学出版社 2009 年版。

[10] 王泽鉴：《民法物权》，北京大学出版社 2010 年版。

[11] ［德］迪特尔·梅迪库斯：《德国民法总论》，邵建东译，法律出版社 2000 年版。

[12] ［德］霍尔斯特·海因里希·雅科布斯：《十九世纪德国民法科学与立法》，王娜译，法律出版社 2003 年版。

[13] ［意］彼德罗·彭梵得：《罗马法教科书》，黄风译，中国政法大学出版社 1992 年版。

[14] 李永军：《民法典物权编的外在体系评析——论物权编外在体系的自洽性》，载《比较法研究》2020 年第 4 期。

[15] 李永军：《物权与债权的二元划分对民法内在与外在体系的影响》，载《法学研究》2008 年第 5 期。

［16］ 茅少伟：《民法典编纂视野下物权变动的解释论》，载《南京大学学报（哲学·人文科学·社会科学）》2020 年第 2 期。

［17］ 梁慧星：《关于民法典分则草案的若干问题》，载《法治研究》2019 年 4 期。

［18］ 崔建远：《处分行为理论真的那么美妙吗？——〈民法总则〉（草案）不宜采取负担行为与处分行为相区分的设计》，载《中国政法大学学报》2016 年第 5 期。

［19］ 崔建远：《从立法论看物权行为与中国民法》，载《政治与法律》2004 年第 2 期。

［20］ 姚明斌：《善意取得之合同效力要件再检视——基于〈物权法解释（一）〉第 21 条展开》，载《法学》2017 年第 5 期。

［21］ 石冠彬：《论无权处分与出卖他人之物——兼评〈合同法〉第 51 条与〈买卖合同解释〉第 3 条》，载《当代法学》2016 年第 2 期。

［22］ 王若冰：《无权处分与善意第三人的保护——兼论〈合同法〉第 51 条与〈物权法〉第 106 条的关系》，载《法学杂志》2012 年第 12 期。

［23］ 金可可：《简论罗马法上对人之诉与对物之诉的区分》，载《学海》2007 年第 4 期。

［24］ 金可可：《私法体系中的债权物权区分说——萨维尼的理论贡献》，载《中国社会科学》2006 年第 2 期。

［25］ 于海涌：《论绝对物权行为理论之建构——对萨维尼物权行为理论的矫正》，载《法商研究》2006 年第 4 期。

［26］ 葛云松：《物权行为理论研究》，载《中外法学》2004 年第 6 期。

［27］ 谢怀栻、程啸：《物权行为理论辨析》，载《法学研究》2002 年 4 期。

［28］ 孙宪忠：《再谈物权行为理论》，载《中国社会科学》2001 年第 5 期。

［29］ 王利明：《物权行为若干问题探讨》，载《中国法学》1997 年第 3 期。

［30］ ［德］K. 茨威格特、H. 克茨：《"抽象物权契约"理论——德意志法系的特征》，孙宪忠译，载《外国法译评》1995 年第 2 期。

［31］ 最高人民法院（2014）民四终字第 51 号民事判决书。

［32］ 北京市高级人民法院（2019）京民终 145 号民事判决书。

［33］ 湖北省高级人民法院（2019）鄂民终 1109 号民事判决书。

［34］ 广东省高级人民法院（2017）粤民申 9993 号民事裁定书。

［35］ 吉林省高级人民法院（2016）吉民申 59 号民事裁定书。

［36］镇平县人民法院（2011）镇安民初字第 094 号民事判决书。

［37］孙宪忠：《关于无权处分问题的几点看法》，载中国法学网，http://iolaw. cssn. cn/ bwsf/201912/t20191223_ 5063741. shtml，最后访问日期：2021 年 11 月 24 日。

程序性行政行为的可诉性问题探讨

——由"最高人民法院 69 号指导案例"切入

方彦博

摘　要： 从"最高人民法院第 69 号指导案例"的裁判理由中，我们不难发现本案中人民法院所意欲讨论的核心法律问题乃程序性行政行为的可诉性及其标准。对于该问题的探讨折射出现代公共行政的发展对于传统行政法体系及与之配套的法教义学的冲击，并反映着对于法安定性与实质正义之间的复杂权衡。在未有充分说理铺陈的情形下，人民法院对于行政行为成熟性原则的径直引入，可谓于刹那间完成由静到动、由局部到过程的范式变迁，不免给人以"悬浮"之感。对于如何因应此等范式变迁，域内外学界已有相对成熟之思考。随着公共行政的发展，我们愈发需要从程序性行政行为本身出发，探究其对公民权益的影响方式及程度，挖掘其背后不同权力间的相互尊重与博弈，从而在回应现实需求的过程中实现"行政法平衡"。

关键词： 程序性行政行为；法教义学；行政过程论；现代公共行政；成熟性理论

Discussion on the Actionability of Procedural Administrative Act
——Starting from "Supreme People's court guiding case No. 69"

Abstract: From the judicial opinions of the Supreme People's court guiding case No. 69, it is not difficult to find that the core legal issue that the people's court intends to discuss in this case is to determine whether the administrative act is actionable. The discussion on this issue reflects the impact of the development of modern public administration on the traditional administrative law system and its legal dogmatics; it also reflects the complex balance between stability of law and the substantial value of justice. Without sufficient reasoning, the people's court's direct introduction of the ripeness doctrine can be described as the paradigm change from static to dynamic and from part to process in an instant, which inevitably gives people a sense of "suspension". There have been relatively mature thoughts on how to respond to these paradigm changes at home and abroad. With the development of public administration, we increasingly need to start from the procedural administrat-

ive act itself, explore its impact on citizens' rights and interests, and research the mutual respect and game between different powers behind it, so as to realize the "balance of administrative law" in the process of responding to the actual needs.

Key Words: Procedural Administrative Act　Legal Dogmatics　Administrative Process Theory　Modern Public Administration　Ripeness Doctrine

一、序言

在学术争鸣与实务分歧中，"最高人民法院 69 号指导案例"（以下简称

"69号案例"）[1]应运发布，其裁判理由对我国程序性行政行为可诉之标准进行了相当程度的明确。然而，与相对较为简要的判决文书相比，程序行政行为可诉性问题涉及之原理可谓相当复杂，牵涉之范围甚为广泛，其实际上折射着传统行政法体系及法教义学在现代公共行政发展下所受到的冲击，并反映着法安定性与实质正义之间的复杂权衡。同时，对于该问题的探讨还关系着行政权与司法权之间如何分工、牵制、尊重、博弈的政治哲学与法律框架接洽的问题。

在传统行政法体系对新形势作出回应的过程中，程序或者过程在行政法理论与实务中所起到的作用愈发重要。过程的载体价值与法律关系密切相关，有成为行政法学体系另一"阿基米德支点"之趋势；[2]过程之功能价值则继续与权利保障、科学决策等密切关联，其在适应新形势的过程中扮演着不可替代的角色。行政诉讼受案范围及司法审查启动时点亦需要因前述变化而发生变迁，需要我们结合稳定秩序、维护公正、提升效率、节约资源等方面因素的考量予以深入探究，力求在此焦点上实现"行政法平衡"。[3]

二、新形势下传统行政法体系的困境

在对于69号案例的众多评析之中，存在着对于当事人为何不直接提起课予义务诉讼，而是迂回提起对于先行行为的撤销诉讼之质疑。[4]学界对此已有诸多探讨，而笔者认为在学界现有观点之外可能存在的原因还在于，人民法院试图通过对于程序性行政行为可诉性的探讨，将英美法系中更为

---

〔1〕 即王明德诉乐山市人力资源和社会保障局工伤认定案，四川省乐山市市中区人民法院（2013）乐中行初字第36号判决。

〔2〕 参见赵宏：《行政法学的主观法体系》，中国法制出版社2021年版，第103页。

〔3〕 参见罗豪才、宋功德：《和谐社会的公法建构》，载《中国法学》2004年第6期。

〔4〕 参见刘行：《行政程序中间行为可诉性标准探讨——结合最高法院第69号指导案例的分析》，载《行政法学研究》2018年第2期。

重视动态法律关系和实质正义的行政行为成熟性原则引入我国行政法体系，以缓解我国既有行政法体系中的某些僵硬之处。

自1989年《行政诉讼法》颁布以来，我国所建立起的行政法体系与大多传统大陆法系行政法体系具有类同之特质，即其构建核心乃"行政行为"之概念。如果说奥托·迈耶将依法律行政原则注入行政法，是赋予行政法系统以稳定、明确、可预测、可计算的价值导向和精神内核，那么行政行为无疑是实现该等形式理性的切要工具，其希望通过对行政决定之构成要件及法律效果的严格遵守与对法律涵摄技术的缜密适用得出"唯一正解"。[1]

对于形式理性和法安定性的重视也使得传统行政法学曾一度被限定于法解释学，其任务便是于制度的内在逻辑中寻找唯一正确的答案，换句话说，实定法律体系乃争议之前提，而非争论之对象。同时，为了更好地符合形式要求并维护法安定性，传统行政法体系倾向于通过切割诸多关联要素，创建某些规范的、稳定的、制度化的行政活动基本单元，从而实现行为构造类型的封闭性。[2]精密分析前述行为构造的适法要件及法律后果，对于实现行政过程中局部性、阶段性的法秩序稳定大有裨益，但由此形成的路径依赖却也使得传统行政法体系不免存有"重实体，轻程序"的问题。[3]

然而，随着社会复杂程度的加深，公共行政的重心亦随之完成了由秩序行政向给付行政的转移，提供公共服务的任务使得行政机关在推进行政过程时需要更多的知识、信息、资源作为依托。同时，人类社会也随着风险社会的来临而迈向了"文明的火山口"，时代需求带来的"范式转化"对

---

〔1〕 参见赖恒盈：《行政法律关系论之研究——行政法学方法论评析》，元照出版有限公司2003年版，第60页。

〔2〕 参见成协中：《行政行为违法性继承的中国图景》，载《中国法学》2016年第3期。

〔3〕 参见赵宏：《行政法学的主观法体系》，中国法制出版社2021年版，第60页。

行政职能的要求进一步提高。[1]现代行政最大的特征在于需要通过复数行政程序，并统合种类繁多的行政行为形式，从而实现新的行政功能以满足新的要求。

一方面，在利益和价值观念愈发多元和分散的背景下，前述变化使得原本看似确定的客观标准日益模糊，行政活动的科学性和可接受性由此需要依托程序进行构建；另一方面，承载了更多价值的程序也由此更加复杂：需要包含更多更为微观的程序，需要权衡更为复杂的因素，甚至为了实现最终目标需要多个行政机关及其他社会主体共同参与。过程的合理性与实体的适法性、公正性之间并非绝对对立，将目光局限于独立的、片段式的行政行为亦已不合时宜。正如日本学者所言，我们不能将行政活动简单地视为"自动贩卖机"，其过程中，政策的选择判断、裁量权的行使、各方利益的平衡等会以连锁的形式展现出复合的形态，从而使过程具有相当程度的独立性[2]。

在"主权理论已经破产"，公共服务已经成为公法基础的情形下，单单是严谨遵守法律已不再能为行政活动，尤其是对于纷繁复杂的个案决定提供正当性支持，对于形式理性的偏执便也再难以大行其道。[3]同时，随着民主意识的觉醒，实质正义成为与依法行政并立的现代法治国的核心要素；随着两大法系的交融，"法的支配"（Rule of Law）亦被逐渐引入法治国原理中，公权力的特殊性色彩有所淡化，有权利即有救济的诉求得到了强调，"司法统制行政"的呼声亦随之高涨[4]；随着行政活动的阶段增多、过程拉长，动态的法律关系对于静态行政行为的核心地位发起了挑战。前述问

---

〔1〕 参见赵鹏：《风险社会的行政法回应：以健康、环境风险规制为中心》，中国政法大学出版社 2018 年版，第 7 页。

〔2〕 参见［日］阿部泰隆：《行政の法システム》（上），有斐阁 1992 年版，第 35 页；转引自江利红：《日本行政过程论研究》，中国政法大学 2008 年博士学位论文。

〔3〕 参见［法］狄骥：《公法的变迁》，郑戈译，商务印书馆 2013 年版，第 36 页。

〔4〕 参见阙铭富：《从日本宪法法治主义与法的支配原理我国行政诉讼之法治国原则》，载《台湾海洋法学报》第 8 卷第 1 期。

题均亟待行政法律体系给予回应，而长期聚焦于行政行为的行政法体系却因为其发展的不均衡性和封闭性而受到束缚——对于灵活柔软的非型式化行为研究的忽视，使得欠缺弹性的行政法体系面对公共行政的现实时，难以"以静制动"。[1]

三、德日法域之经验

在 69 号案例中，人民法院提出了较为明确的关于程序性行政行为是否可诉的判断标准，以回应新形势下对于"非正式行政行为"进行司法审查的需求：一是相对人之权益需要受到该行为明显且实际影响；二是当事人无法通过对相关联的实体性行政行为提起诉讼而获得救济，二者缺一不可。[2]有学者评价，该标准实际上已经包含美国司法审查三大"守门原则"——穷尽行政救济原则、行政行为最终原则和成熟性原则。[3]

美国行政法原则的引入的确在相当程度上满足了实务上的需求，但是如果缺乏适当而充分的衔接装置，将其直接放置于以行政行为为核心而构造起的传统行政法体系中，仍不免有突兀之感产生。虽然人民法院对前述原则之引入并未进行理论之铺垫，但是德日法域内的经验或许值得我国学习。

1. 德国：复杂决定的分节化和序列化

复杂决定的分节化和序列化，实际上是德国法学界在将传统行政法教义学与新的程序法思维相互整合方面的努力，其尝试通过将一项完整行政决定作出之程序划分为多个阶段，通过构建细化后程序的确定性，如明确

---

〔1〕 参见赵宏：《行政法学的主观法体系》，中国法制出版社 2021 年版，第 65 页。

〔2〕 参见豆晓红、李兵：《〈王明德诉乐山市人力资源和社会保障局工伤认定案〉的理解与参照——程序性行政行为的可诉性问题》，载《人民司法（案例）》2018 年第 2 期。

〔3〕 参见章剑生、胡敏洁、查云飞主编：《行政法判例百选》，法律出版社 2020 年版，第 156 页。

各步骤中所做决定之要件与效力，让复杂的行政决定重新获得可计算性。[1]

实际上，该种方式亦是对于非型式化行为予以规制的尝试。尽管非型式化行为可以为行政法体系带来灵活性与创造性，但是也需要为其套上确定性、稳定性、可预测性的"笼头"，否则其将成为行政法秩序的特洛伊木马，引发大范围混乱并对公民权益造成极大侵害。[2]由于未型式化行为常常与复杂行政过程密切相关，以 69 号案例为典型，其往往表现为事前程序中行政机关与当事人的磋商、沟通、通告等，因此非型式化行为可作为线性程序中的连接点而被有效规制。[3]

2. 日本：行政过程论

近代日本学习并改进大陆法系的行政法学理论，于明治宪法体制下建立起传统行政法律制度。后来，日本在民主主义改造过程中引进了英美法系的要素：行政裁判所的废除与"将一切争讼置于司法统制下"冲击着其传统行政法之基础，并推动着实质性法治主义的发展。[4]同时，日本学者意识到，自奥托·迈耶以来过度的法学方法对于行政法学之束缚，可能会阻碍对现代行政予以正确把握。他们认为，传统行政法体系过分关注作为过程最终结果的行政行为，而欠缺对连续的行政行为形式进行全局性考察。[5]行政行为仅仅是法律关系形成、变更或消灭的实现方式之一，仅仅是行政过程于单一时点的横向切面，而行政法体系的中心不应囿于该平面形式之概念。除此之外，公共行政覆盖面的不断扩大使得行政的主体与手

---

[1] 参见赵宏：《行政法学的主观法体系》，中国法制出版社 2021 年版，第 87 页。

[2] 参见赖恒盈：《行政法律关系论之研究——行政法学方法论评析》，元照出版有限公司 2003 年版，第 248 页。

[3] 参见翁岳生编：《行政法》（上、下），中国法制出版社 2009 年版，第 917~918 页。

[4] 参见［日］室井力主编：《日本现代行政法》，吴微译，中国政法大学出版社 1995 年版，第 1~4 页。

[5] 参见鲁鹏宇：《日本行政法学理构造的变革——以行政过程论为观察视角》，载《当代法学》2006 年第 4 期。

段需要向更为复杂化、多样化的特点发展，数种行为形式常常会被结合起来连续适用而形成作为整体的动态过程，因而行政法必须全面、能动地考察行政过程，将中心置于具有动态性的法律关系之上。[1]

侧重于动态法律关系的行政过程论将时间要素和程序化思维引入行政法，对法律关系的预备、推进、终结以及后续效果均予以关注和审视，这就使得行政方式法教义学原先不曾覆盖的指导、计划、通知、方案等非型式行为拥有了接受司法审查的空间，此过程中产生的权利义务关系也可以成为相对人获得救济之基础。[2]

需要注意的是，行政过程论并不否认传统行政法理论中型式化建构的重要性，只是在部分传统法律构造与公民权利救济之间矛盾愈发尖锐的情况下，尝试对传统行政法体系予以调整和部分重构。[3]实践中的行政过程不能仅以抽象化的样态存在，亦需在宪法秩序的框架内将其作为的"法律构造"制度化，从而能够结合各个行政领域对于传统行为形式进行考察，进而减少其僵硬的道具性色彩。[4]

综上所述，德日两国行政法理论与实践在新形势下的变迁，可以为我们从"道"和"术"两方面提供值得借鉴的经验。实际上，我国学界亦有学者提出，局限于权力视角的传统模式给研究造成了盲区，而破解该问题

---

〔1〕 参见江利红：《行政过程论在中国行政法学中的导入及其课题》，载《政治与法律》2014 年第 2 期。

〔2〕 参见［日］塩野宏：《行政作用法论》，载《公法研究》1972 年第 34 号，第 179 页；转引自江利红：《日本行政过程论研究》，中国政法大学 2008 年博士学位论文。［日］塩野宏：《行政過程総説》，载［日］雄川一郎、塩野宏、園部逸夫编：《现代行政法大系 2 行政過程》，有斐閣 1983 年版，第 16~26 页；转引自江利红：《日本行政过程论研究》，中国政法大学 2008 年博士学位论文。

〔3〕 参见［日］安本典夫：《開発行政の過程》，载《公法研究》1984 年第 46 号，第 174 页；转引自江利红：《日本行政过程论研究》，中国政法大学 2008 年博士学位论文。

〔4〕 参见［日］阿部泰隆：《行政の法システム》（上），有斐閣 1992 年版，第 24 页；转引自江利红：《日本行政过程论研究》，中国政法大学 2008 年博士学位论文。

之方法乃引入关系视角。[1]从 69 号案例的裁判理由中，我们不难看出人民法院借鉴了用程序性思维规制非型式化行为的经验，且其并未将视野拘泥于静态的、定型的行政行为，而更多关注了本案中法律关系的动态变迁，"当事人无法通过对相关联的实体性行政行为提起诉讼而获得救济"之标准的设立即为例证。

四、程序性行政行为概念的析清

正如前文所述，在新形势下"程序性行政行为"愈发受到重视，然而其并非严格规范意义上的法律概念。与此同时，尚有些许类似概念与其并存于行政法体系内，如："过程性行政行为""复数行政行为""多阶段行政行为""多阶段程序之行政行为"和"未成熟性行政行为"等。虽然前述概念表述相近，但相互间亦存有诸多差异，需要在解释与比较中加以辨析：

1. 与过程性行政行为

如果将不同学者的文章加以对比，程序性行政行为与过程性行政行为两个概念之间在某种程度上似乎已经可以进行等价替代，而笔者则有不同看法。

对于前述二概念之区辨需从对于"程序"与"过程"的辨析开始。该二语词虽均具有连续性之意涵，而"程序"与 procedure 相对应，关注点侧重于得出结果的流程、步骤等的形式问题，常由其顺次或共同构成某一行政意思之决定，例如作出行政处罚前必须经过听证等程序；"过程"与 process 相对应，其囊括一系列连续的复数意思决定之作出，从而围绕同一行政目的共同构成宏观的行政程序。[2]此种观点在中西又三教授所著《日本行政法》的体例安排上得到了印证，即将行政程序视为"有效进行行政

---

〔1〕 参见成协中：《行政法平衡理论：功能、挑战与超越》，载《清华法学》2015 年第 1 期。

〔2〕 参见刘东亮：《过程性审查：行政行为司法审查方法研究》，载《中国法学》2018 年第 5 期。

活动的要件"。[1]

传统意义上的行政过程与行政程序是包含与被包含的关系，行政程序之概念处于更为微观的层面。与此区分相对应，程序性行政行为这一概念的得出，主要是静态地对连续性行政行为形式予以描述，而过程性行政行为之语词亦包含从宏观层面对行政过程进行动态描述的意思。

面对此种分野，我们需要再次思考本案中《中止通知》的作出究竟应当评价为程序性行政行为，还是评价为过程性行政行为。实际上，完成前述判断并非容易，行政程序结构与组成的复杂性使得宏观、中观、微观的过程以及程序之间的界限较为模糊。不过，本案中作出《中止通知》乃准行政行为，对后续进程的开展产生了法律上的拘束，因此或许更应使用具有动态性的概念对其进行描述。不过由于程序与过程之间的界限已趋模糊，等价使用前述概念常常并不会造成严重后果。

2. 与复数行政行为、多阶段行政行为

（多阶链条下的）复数行政与多阶段行政行为概念的产生，与前文中提及的复杂决定的分节化和序列化所带来的"形式行政处分"与"实质行政处分"之二分密切相关。后者乃作出终局行政处分过程中对外直接产生法律效力的行政行为，可共同构成复数行政行为；而前者则为行政内部之表示，系作出终局处分行政机关外其他机关之参与行为，其在学理上被命名为多阶段行政行为。[2]原则上，关于多阶段行政行为可诉性问题采"显名主义"，即仅有终局行政处分具有可诉性。[3]于例外情形下，即当终局行政处分作出机关需要依法对前阶段行为高度尊重而无法变更时，或前阶段行为已经完整具备行政法律行为的要素时，抑或前阶段行政行为已经使相

---

〔1〕 参见［日］中西又三：《日本行政法》，江利红译，北京大学出版社2020年版，第75页。

〔2〕 参见李建良：《论多阶段行政处分与多阶段行政程序之区辨——兼评"最高行政法院"96年度判字第1603号判决》，载《中研院法学期刊》2011年第9期。

〔3〕 参见［日］盐野宏：《行政法》，杨建顺译，法律出版社1999年版，第322~323页。

对人知悉时，前阶段行为可具有可诉性。由此观之，阶段性行政行为应该归属于内部行政行为的范畴。

3. 与多阶段程序之行政行为

在复杂的行政程序中，通常会出现多个行政程序顺次进行之情形，而将各阶段程序连接之行政处分则为"多阶段程序之行政行为"，其原则上呈现出"一机关、多程序、多处分"之构造，但亦有可能因为有多个机关参与行政行为的作出，而呈现出"多机关、多程序、多处分"之样态。

再度审视 69 号案例中的《中止通知》，从其对在整体过程中所具有的功能出发，其实际上"连接"了公安机关交管部门之行政处分与人社局之行政处分，因而将其归于多阶段程序之行政行为应属恰当。

4. 与未成熟行政行为

未成熟行政行为的概念则直接与成熟原则相关联。源于美国判例法体系的成熟原则产生于对于适当的司法审查启动时点的探索之中，即在到达适当的司法审查启动时点时，程序性行政行为即可获得成熟性，而即便是已经作出的实体性行政行为亦可能不具有成熟性。从这个角度来说，行政行为成熟性与终局性之判断标准间存在层次上的偏差。

综合上述内容，我们可以初步对过程性行政行为进行定义，即是指行政主体在履行行政职能的过程中作出的，对后续行政行为的作出起到协助、补充作用（影响后续行政行为作出）的行政行为。[1]此种定义下的过程性行政行为是一种广义的概念，包含着实质上是内部行政行为的多阶段行政行为，本质为准法律行为的多阶段程序之行政行为，以及本质为行政法律行为的多阶链条下的复数行政行为。如果从狭义视角探讨程序性行政行为，笔者认为其内涵与多阶段程序之行政行为之内涵最为相近。

---

〔1〕 参见朱维究、阎尔宝：《程序行政行为初论》，载《政法论坛》1997 年第 3 期。

五、程序性行政行为不可诉之原则

在 69 号案例中，相对明确的判断标准尽管已被确立，但是程序性行政行为原则上不可诉的观点仍被坚持。在以行政行为为根基建立起的传统行政诉讼法体系中，判定行政行为是否可诉的核心要件乃当事人之权益是否受到实际影响，而程序性行政行为本身通常并不被认为会实际影响相对人之权益，自然难以满足具备可诉性的要件，《行诉解释》第 1 条第 2 款第 6 项的规定便是前述观点在我国司法解释这一准立法层面的印证。[1]

从域外法视角来看，德美两国的行政法体系中亦确立了程序性行政行为原则上不可诉的规则。在德国实定法中，原告在不针对实体决定主张权利救济的情况下，单独要求行政机关遵守程序规定不被允许的原则已经确立，仅有的例外为可以单独对可独立执行和针对非行政程序参加人作出的程序行政行为提起诉讼。[2]

对我国此项司法裁判影响更大的，实际为美国行政法中的原则。历经众多司法实践的经验积累，美国判例法体系中生长出若干与程序性行政行为可诉性相关的法律原则，主要包括成熟性原则、行政最终行为原则和穷尽行政救济原则：

1. 穷尽行政救济原则是指在没有排除一切获得行政机关内部救济之可能前，相对人不能向法院提出对其造成不利的行政活动进行司法审查的申请。[3] 在其发展过程与成熟性原则表现出高度的相似性，但是其在 1993 年 Darby v. Cisneros 案中被赋予了新的含义。基于《联邦行政程序法》第 704

---

〔1〕《最高人民法院关于适用〈行政诉讼法〉的解释》（以下简称"《行诉解释》"）第 1 条第 2 款规定："下列行为不属于人民法院行政诉讼的受案范围：……（6）行政机关为作出行政行为而实施的准备、论证、研究、层报、咨询等过程性行为；……"

〔2〕参见［德］弗里德赫尔穆·胡芬：《行政诉讼法》，莫光华译，法律出版社 2003 年版，第 391~393 页。

〔3〕参见王名扬：《美国行政法》（下），中国法制出版社 2005 年版，第 646 页。

条后半部分，联邦最高法院（以下简称为 SCOUT）认为在相关法律和规章均没有明确穷尽行政救济之要求的情况下，法院不能要求受最终行为影响的当事人完全排除在行政体系内获得救济的可能性。[1]由此可知，在判断程序性行政行为是否可诉的问题上，穷尽行政救济原则可能并无太多适用空间。

2. 同样作为美国司法审查之"守门原则"的行政最终行为原则[2]，似乎并没有像成熟性原则那样引起我国理论和实务界的广泛关注，而事实上该原则与日本法上的尊重行政机关首次判断权具有较高相似性，该原则的独立适用在 1967 年成熟性原则判断之标准被 SCOUT 完整表述前即已经存在。支撑该原则的直接法源为联邦《行政程序法》第 704 节，据此，全部法定可接受司法审查之行政行为，和在任何法院中都不能配有其他适当救济的行政活动均应接受司法审查；但任何预备性、程序性或者中间阶段的行政活动或裁决不被直接审查，而应当在审查终局行政行为时被一并审查。[3]至于何为终局行政行为，在 Bennett v. Spear 案中 SCOUT 明确了其判断之标准：一是行政行为不能仅是临时性的决定，而应经过所有应当经过的程序；二是当事人的权利义务受到行政行为影响，或其他法律效果被由此引发。[4]

然而，终局行政行为认定标准的明确并没有带来行政行为最终原则与成熟性原则之间界分的明晰。在 Abbott Laboratories v. Gardner 案中，SCOUT

[1] 参见［美］理查德·J·皮尔斯：《行政法》，苏苗罕译，中国人民大学出版社 2015 年版，第 952 页。

[2] See R. George Wright, "Timing of Judicial Review of Administrative Decisions: The Use and Abuse of Overlapping Doctrines", *American Journal of Trial Advocacy*, Vol 11, No 1, 1987, pp. 83~87.

[3] 美国《联邦行政程序法》第 704 节原文："Every agency action made reviewable by statute and every final agency action for which there is no other adequate remedy in any court shall be subject to judicial review. Any preliminary, procedural, or intermediate agency action or ruling not directly reviewable shall be subject to review upon the review of the final agency action."

[4] ［美］威廉·F·芬克、理查德·H·西蒙：《行政法：案例与解析》，中信出版社 2003 年版，第 232 页。

提出了对于行政活动成熟的两项要求，即"所争问题适宜受司法裁决"和"推迟司法审查会使当事人陷入困难"。[1]而对于前一要求，又可划分为"法律问题"和"最后决定"两项，前者是《联邦宪法》第三条的延伸，要求司法审查的范围限于"案件"或者"争议"；后者则要求所审查者为终局行政行为。[2]由此不难看出，对于行政行为最终性的判断已经被纳入成熟性的判断之中，甚至有学者认为后者对于前者产生了依赖性。[3]在对司法审查范围扩大的趋势下，无论是在理论上还是实践中，行政行为最终性与成熟性原则的重合并不鲜见，二者之间的另一区别可能在于：无明确制定法法源依托的成熟性原则在联邦《行政程序法》规制范围之外会有更广的适用范围。

3. 作为判断司法审查是否适时的成熟性原则已被我国人民法院广泛适用。在 69 号案例的理解与参照中，对于"只有相对人确实无法通过提起对相关的实体性行政行为的诉讼获得救济时，其对程序性行政行为提起的诉讼，人民法院才应当受理"的强调，正是出于对司法成熟性原则的遵循。[4]但是，如若仅仅将此视为成熟性原则的全部，就不能完整体现利用成熟性原则进行判断之过程。尤其需要注意的是，美国行政法中的成熟性原则的适用范围并不仅仅限于过程性行政行为，其可广泛适用于行政机关作出的"非正式行为"，如：政策声明、指导意见等。

对于成熟性原则（及其所吸收的行政最终原则）中所蕴含的价值考量，笔者认为有必要在此进行简要说明，从而判明具有可诉性究竟为原则还是例外。成熟性原则的形成很大程度上是出于规范行政权与司法权运作的需要，相关标准的确定实际上也是对司法审查范围的划定、对司法权介入时

---

〔1〕 See Peter L. Strauss, *Administrative Law Stories*, Foundation Press, 2006, p. 463.

〔2〕 参见王名扬：《美国行政法》（下），中国法制出版社 2005 年版，第 643 页。

〔3〕 See Robert C. Power, "Help Is Sometimes Close at Hand: The Exhaustion Problem and the Ripeness Solution", *University of Illinois Law Review*, No 4, 1987, pp. 547~618.

〔4〕 豆晓红、李兵：《〈王明德诉乐山市人力资源和社会保障局工伤认定案〉的理解与参照——程序性行政行为的可诉性问题》，载《人民司法（案例）》2018 年第 2 期。

点的认定。正如前文所述，《联邦宪法》规定法院仅能够对"案件"或者"争议"作出判决，亦即法院不得作出具有建议性或者不确定性的判决，不得陷入抽象的行政政策争论之中，从而应当避免过早地进行裁判。[1]同时，在权力分工原则之下，行政权的运行不受司法权的无端干扰，因此行政机关在最后决定、产生具体法律效果之前应不受法院干涉。尤其是随着国家任务的不断变迁，随着公共行政向福利行政以及风险行政的演进，行政机关所拥有和必须拥有的自由裁量权的范围和幅度逐步增大，灵活性、高效性、专业性、技术性也逐渐成为现代行政的代名词，这就要求司法权对于行政权保有适当的尊重。[2]同时，成熟原则中也包含了司法经济方面的考量，即要保障法院所审查者为真实、现实或紧迫之问题，否则司法资源只会因行政活动尚处于中间过程、相对人权利义务关系尚未确定带来的审查"流产"而浪费。[3]综合来看，程序性行政行为不可诉应为原则，而具有可诉性实为例外。

六、程序性行政行为的可诉性转变

行政权力在不断扩张与受到更多尊重的过程中也在播撒"需要受到干预"的种子。现代行政灵活性、高效性、专业性、技术性等特征使法院长期保持着谦抑态度；而权力的扩张必然要求责任的形随，[4]行政权的自主行使与恣意滥用之间的模糊性所带来的对于权利保护之重视，也使得法院将行政行为的可诉性标准予以降低。

---

〔1〕 参见［美］伯纳德·施瓦茨：《行政法》，徐炳译，群众出版社1986年版，第478页。

〔2〕 参见［美］理查德·B. 斯图尔特：《美国行政法的重构》，沈岿译，商务印书馆2011年版，第234页。

〔3〕 See Nathaniel L. Nathanson, "Administrative Law Treatise", *Yale Law Journal*, Vol 70, No 7, 1961, p. 1210 .

〔4〕 赵鹏：《风险社会的行政法回应：以健康、环境风险规制为中心》，中国政法大学出版社2018年版，第3页。

就美国而言，在当代成熟原则得到明确之前，SCOUT 一般认为因《联邦宪法》将审查对象限于"案件"或者"争议"，法院只能裁决对个人权益产生损害的行政活动，并且认为损害仅指直接和正式行为之效果。[1]在此种思路之下，以程序性行为为代表的非正式行为自然难以被纳入司法审查之范围。美国法院对于 Abbott 系列案件的系列判决改变了前述情状，其中 Wright 法官认为如果相对人事实上处于受威胁状态中，并因此必须做出选择，该案件即已经具备成熟性；[2]Tyler 法官认为问题的核心在于相对人是否已受到不可弥补损害之威胁，且其所申请的司法救济可以起到减轻威胁的作用；Friendly 法官认为如果行政机关作出的非正式行为具有可诉性，则需要其给相对人造成立即之影响，而非遥远又模糊的威胁。于是在经验的积累中，成熟性原则减少了"路障的意味"，而增加了"钥匙的色彩"。在联邦最高法院，以 Harlan 法官为代表的多数意见阐述了判断案件成熟性的模式：需要同时评估司法审查的适当性和当事人因法院拒绝救济而背负的困难。[3]由此，具有可操作性的判断标准得以确立，并使得当事人权益在受到非正式行为威胁时，有了更多获得救济之可能。

在行政过程论之下，日本行政法学界愈发重视"作为过程的行政"，不仅重视传统上行政机关与公民之间法律关系之终局性确定结果，而且强调行政过程本身的可视性及可控性。[4]程序行政行为符合条件即具有可诉性，在强调行政过程连续性、动态性、全面性和价值实现性的行政过程论中自然具有正当性。

回归国内视域，我国司法解释中的相关规定对于程序性行政行为的可

[1] 参见［美］理查德·J·皮尔斯：《行政法》，苏苗罕译，中国人民大学出版社 2015 年版，第 1024 页。

[2] Abbott laboratories v. Gardner, 387 U. S. 136 (1967).

[3] See Peter L. Strauss, *Administrative Law Stories*, Foundation Press, 2006, p. 456.

[4] ［日］室井力：《行政法学方法論議》，载［日］广冈隆等编：《現代行政と法の支配——杉村敏正先生還暦記念》，有斐閣 1978 年版，第 14、15 页；转引自江利红：《日本行政过程论研究》，中国政法大学 2008 年博士学位论文。

诉性确认了适用空间，例如导致行政许可程序事实上终止的程序性行政行为可以例外获得可诉性。[1]同时，在政府信息公开领域，对申请人权利义务产生了实际影响的要求申请人对申请内容进行更改、补充的行政行为亦具有可诉性。[2]

八、结论

随着现代行政的发展，程序或者过程的重要性日益提升，理论与实务层面的观点已基本达成：程序性行政行为原则上不可诉，但例外情况下可诉的共识。在判断某个程序性行政行为是否可诉时，我们可以从下述三个标准进行判定：一是该程序性行政行为是否为具体之事项，从而能够成为一项"法律问题"；二是该程序性行政行为是否为行政机关的最后决定，即行政机关是否在此微观过程中走完全部程序（抑或更为微观的过程）；三是该程序性行政行为是否会给相对人带来实际的不利影响，而此处不利影响的范围或许仍有讨论的空间。

不过，无论是69号案例中所确立的标准还是美国的成熟性原则，均尚未得到立法层面的明确。由于程序性行政行为可诉性的问题涉及到行政权与司法权间相互尊重与牵制的政治哲学，牵涉到公民权利与公共资源分配及效率间的平衡，因此可能并不能将这种不明确视为绝对意义上缺点，而可能更多是一种特点。这同时意味着我们必须用动态之眼光去看待似乎已然明确的成熟性原则，在由形式依法行政向实质依法行政演进的过程中，不能拘泥于传统的法解释学，而要灵活运用经验科学，把握行政的实际状

---

〔1〕《最高人民法院关于审理行政许可案件若干问题的规定》第3条规定："公民、法人或者其他组织仅就行政许可过程中的告知补正申请材料、听证等通知行为提起行政诉讼的，人民法院不予受理，但导致许可程序对上述主体事实上终止的除外。"

〔2〕《最高人民法院关于审理政府信息公开行政案件若干问题的规定》第2条规定："公民、法人或者其他组织对下列行为不服提起行政诉讼的，人民法院不予受理：①因申请内容不明确，行政机关要求申请人作出更改、补充且对申请人权利义务不产生实际影响的告知行为……"

态，并基于此对相应的法律问题作出回应。

参考文献

中文文献

1. 赖恒盈：《行政法律关系论之研究——行政法学方法论评析》，元照出版有限公司 2003 年版。

2. 王名扬：《美国行政法》（下），中国法制出版社 2005 年版。

3. 翁岳生编：《行政法》（上、下），中国法制出版社 2009 年版。

4. 赵宏：《行政法学的主观法体系》，中国法制出版社 2021 年版。

5. 章剑生、胡敏洁、章云飞主编：《行政法判例百选》，法律出版社 2020 年版。

6. 赵鹏：《风险社会的行政法回应：以健康、环境风险规制为中心》，中国政法大学出版社 2018 年版。

7. ［美］伯纳德·施瓦茨：《行政法》，徐炳译，群众出版社 1986 年版。

8. ［法］狄骥：《公法的变迁》，郑戈译，商务印书馆 2013 年版。

9. ［德］弗里德赫尔穆·胡芬：《行政诉讼法》，莫光华译，法律出版社 2003 年版。

10. ［美］理查德·B. 斯图尔特：《美国行政法的重构》，沈岿译，商务印书馆 2011 年版。

11. ［美］理查德·J·皮尔斯：《行政法》，苏苗罕译，中国人民大学出版社 2015 年版。

12. ［日］室井力主编：《日本现代行政法》，吴微译，中国政法大学出版社 1995 年版。

13. ［日］盐野宏：《行政法》，杨建顺译，法律出版社 1999 年版。

14. ［日］中西又三：《日本行政法》，江利红译，北京大学出版社 2020 年版。

15. 成协中：《行政法平衡理论：功能、挑战与超越》，载《清华法学》2015 年第 1 期。

16. 成协中：《行政行为违法性继承的中国图景》，载《中国法学》2016 年第 3 期。

17. 豆晓红、李兵：《〈王明德诉乐山市人力资源和社会保障局工伤认定案〉的理解与参照——程序性行政行为的可诉性问题》，载《人民司法（案例）》2018 年第 2 期。

18. 黄先雄：《论德国行政诉讼中司法权的边界》，载《行政与法》2013 年第 1 期。

19. 刘东亮：《过程性审查：行政行为司法审查方法研究》，载《中国法学》2018 年第 5 期。

20. 李建良：《论多阶段行政处分与多阶段行政程序之区辨——兼评"最高行政法院"96 年度判字第 1603 号判决》，载《中研院法学期刊》2011 年第 9 期。

21. 刘行：《行政程序中间行为可诉性标准探讨——结合最高法院第 69 号指导案例的分

析》，载《行政法学研究》2018 年第 2 期。

22. 龙非：《德国行政诉讼中内部行为、程序行为的可诉性——管窥司法审查的边界》，载《行政法学研究》2018 年第 2 期。

23. 江利红：《行政过程论在中国行政法学中的导入及其课题》，载《政治与法律》2014 年第 2 期。

24. 罗豪才，宋功德：《和谐社会的公法建构》，载《中国法学》2004 年第 6 期。

25. 鲁鹏宇：《日本行政法学理构造的变革——以行政过程论为观察视角》，载《当代法学》2006 年第 4 期。

26. 朱维究、阎尔宝：《程序行政行为初论》，载《政法论坛》1997 年第 3 期。

27. 江利红：《日本行政过程论研究》，中国政法大学 2008 年博士学位论文。

28. ［美］威廉·F·芬克、理查德·H·西蒙：《行政法：案例与解析》，中信出版社 2003 年版。

外文文献

29. Peter L. Strauss, *Administrative Law Stories*, Foundation Press, 2006.

30. Nathaniel L. Nathanson, "Administrative Law Treatise", *Yale Law Journal*, Vol 70, No 7, 1961.

31. Robert C. Power, "Help Is Sometimes Close at Hand: The Exhaustion Problem and the Ripeness Solution", *University of Illinois Law Review*, No 4, 1987.

32. R. George Wright, "Timing of Judicial Review of Administrative Decisions: The Use and Abuse of Overlapping Doctrines", *American Journal of Trial Advocacy*, Vol 11, No 1, 1987.

33. Abbott laboratories v. Gardner, 387 U. S. 136 (1967).

转引外文文献

34. ［日］阿部泰隆：《行政の法システム》（上），有斐阁 1992 年版。

35. ［日］安本典夫：《開発行政の過程》，载《公法研究》1984 年第 46 号。

36. ［日］室井力：《行政法学方法論議》，载［日］広岡隆等编：《現代行政と法の支配——杉村敏正先生還暦記念》，有斐閣 1978 年版。

37. ［日］塩野宏：《行政作用法論》，载《公法研究》1972 年第 34 号。

38. ［日］塩野宏：《行政過程総説》，载［日］雄川一郎、塩野宏、園部逸夫编：《現代行政法大系 2 行政過程》，有斐閣 1983 年版。

论有限公司股权善意取得的合理化解释路径

章嘉琦

摘　要： 有限公司股权的善意取得制度被规定在《关于适用〈公司法〉若干问题的规定（三）》（2014年修正）第27条，此条规定一直受到诸多学者批判。本文认为，影响有限公司股权善意取得制度能否成立的因素主要包括有限公司股权变动模式、优先购买权的救济、公司章程的对外效力。由于现行立法规定的有限公司股权变动模式更倾向于"纯粹的意思主义模式"或者"修正的意思主义模式"，因此转让股权时未通知其他股东不影响股权转让协议的效力，同时，公司章程限制股权转让的规定不应约束善意第三人。在前述内容的基础上，本文认为有限公司股权善意取得在理论上可被合理证成，在实践中也完全可能实现。

关键词： 股权善意取得；股权变动模式；优先购买权；公司章程

Rationalization Explanation Path of Bona Fide Acquisition of Equity of Limited Company

Abstract： The bona fide acquisition system of limited company shares is stipulated in Article 27 of Interpretation of Company Law（Ⅲ）（Revised in 2014），which has been criticized by many scholars. This paper argues that the main factors affecting the establishment of the bona fide acquisition of equity of limited company include the mode of equity change of limited company, the relief of preemptive right and the external effect of the company's articles of association. Under the current legislation, the mode of equity change of limited company should be "pure idealism mode" or "modified idealism mode", the transfer of equity without informing other shareholders does not affect the validity of equity transfer agreement, and the provisions of the articles of association restricting equity transfer should not restrict the third party in good faith. On the basis of the above three contents, this paper holds that the bona fide acquisition of equity of limited company can be reasonably justified in theory and completely possible in practice.

Key Words: Bona Fide Acquisition of Equity   Ownership Change Model   Right of First Refusal   The Company's Articles of Association

一、问题的提出

2011 年 1 月 27 日，最高人民法院发布《关于适用〈公司法〉若干问题的规定（三）》（以下简称《公司法解释（三）》），其中第 27 条第 1 款规定了有限公司股权的善意取得制度，即股权转让未经变更登记的，不得对抗善意第三人。

对于前述司法解释，学者们有不同看法。具有代表性的是王涌教授和李建伟教授的意见，王涌教授认为有限公司股权善意取得仅可能出现在前受让人和后受让人都进行了股东名册登记，但后受让人进一步进行了工商登记的情况下。因为如果前受让人只是签订了股权转让协议而没有进行股东名册变更，则其还未获得股权，出让股东再次转让的行为只构成"一股二卖"而非无权处分。而后受让人由于需要办理股东名册和工商变更登记，因此需要获得其他股东的同意，所以在这一过程中后受让人很容易从其他股东处得知先前的转让事实[1]，从而使得后受让人的善意难以成就。其论证基础在于，有限公司股权变动以公司股东名册变更为生效要件。

阅读王涌教授的观点及其论据后，笔者反而认为该条司法解释规定的"善意取得"确有合理化的解释路径，关键在于如何设置该条规定背后的基础制度架构，影响有限公司股权能否善意取得的内容包括有限公司股权变动模式、有限公司股东优先购买权被侵害后股权转让协议的效力问题、公司章程对股权转让的限制及其对外效力这几块内容。站在不同的基础架构立场上，自然会对"有限公司股权能否善意取得"这一问题得出不同结论。本文的目的正在于提供一种解释路径，以使得《公司法解释（三）》第27条无论是从理论还是实践层面均能合理化。

由于本文讨论的是"善意取得"在有限公司股权取得中是否可行，故只讨论股权转让，股权质押同理类推即可，暂且不论。

二、股权变动模式与善意取得

（一）学界理论

《公司法》明确规定，股份公司的股权变动方式包括"记名股票的背书转让、法定转让"和"无记名股票的交付转让"，相比之下，有限公司的股权变动模式似乎没有得到明确的答复，《公司法》仅在第32条第3款规定了有限公司股权转让的登记对抗制度。故在公司法学界，对于有限公司股权变动模式存在四种主张。

其一为"债权形式主义模式"，在该模式下也分为两种主张，第一种主张完成有限公司股权变动需要股权转让协议生效，同时股东名册完成变更

---

[1]　王涌：《股权如何善意取得？——关于〈公司法〉司法解释三第 28 条的疑问》，载《暨南学报（哲学社会科学版）》2012 年第 12 期。

登记。[1]第二种主张完成公司外部工商变更登记才是生效要件。[2]

其二为"纯粹的意思主义模式"，即股权转让协议生效是受让人成为股东的充分条件。[3]该种模式将公司完全排除在交易之外，将有限公司的股权转让视同于普通的采"登记对抗"制度的交易，如动产抵押、地役权设立等，其合理性值得怀疑。

其三为"修正的意思主义模式"，该种模式下，股权转让协议生效即在转让人与受让人之间产生股权变动的效果，但只有通知公司并且公司无异议后，受让人才得对公司主张股权。[4]笔者对此的理解为，"修正的意思主义模式"既然本质上借鉴的是债权变动模式，那么只要股权转让协议生效，受让人就能获得股权，但囿于《公司法》是组织法这一特别因素，应当认为此时受让人获得的仅为"半个股权"，即其不可对公司主张表决权、分红权，如果公司在未知股权转让事由的情况下误以为出让人仍为股东而向其分红的，股权受让人不可对公司主张债权，仅可对出让人主张不当得利。相比之下，"修正的意思主义模式"借用了债权变动模式，能够平衡各方利益。

值得反思的是，在"修正的意思主义模式"下，第三人未经通知公司而获得的股权不能产生对抗公司的效力，这样的"不完全股权"是否还能够被称为"股权"？这一问题也在赵旭东老师的论著中被提出[5]。

（二）现行法模式的分析

依据前述《公司法》法条，债权形式主义模式下的第二种主张显然不

---

[1] 李建伟：《公司法学》，中国人民大学出版社 2018 年版，第 241 页。
[2] 李建伟：《公司法学》，中国人民大学出版社 2018 年版，第 241 页。
[3] 李建伟：《公司法学》，中国人民大学出版社 2018 年版，第 241 页。
[4] 李建伟：《公司法学》，中国人民大学出版社 2018 年版，第 242 页。
[5] 赵旭东、邹学庚：《股权变动模式的比较研究与中国方案》，载《法律适用》2021年第 7 期。

能成立，工商登记被规定为对抗要件恰恰说明它并不是生效要件。

而对于第一种主张，似乎也与现行立法规定不符，《公司法》第73条明确表述"变更股东名册"是在"转让股权后"公司需要做的。同时《公司法解释（三）》第23条也规定了当事人取得股权后，可以请求公司将自己记载于股东名册并办理工商登记。由此可见，"变更股东名册"是在当事人受让股权之后公司对其所负担的一项义务[1]，正是由于股权本质上是股东对公司的一项债权，故产生此项义务，如果认为公司在变更股东名册之前受让人尚未取得股权，则加上股权转让合同仅在相对人间产生效力约束，此种义务将丧失其所依靠的权源。

我国现行立法更为倾向于"纯粹的意思主义模式"和"修正的意思主义模式"[2]，即股权变动只需要股权转让协议生效，不需要进行股东名册变更，也无须进行工商变更登记。

（三）不同股权变动模式对善意取得的影响

在不同的股权变动模式下，对于有限公司股权转让能否适用善意取得这一问题将得出不同答案（至少在实践可行性方面）。

首先确定"善意取得"的要件。根据《民法典》第311条的规定，"善意取得"需包含以下几个要件[3]：第一，受让人受让该不动产或者动产时是善意；第二，以合理的价格转让；第三，转让的不动产或者动产依照法律规定应当登记的已经登记，不需要登记的已经交付给受让人。除此之外，由于我国物权变动模式采债权形式主义，故存在有效的债权合同也是构成

---

〔1〕 李建伟：《有限责任公司股权变动模式研究——以公司受通知与认可的程序构建为中心》，载《暨南学报（哲学社会科学版）》2012年第12期。

〔2〕 李建伟：《有限责任公司股权变动模式研究——以公司受通知与认可的程序构建为中心》，载《暨南学报（哲学社会科学版）》2012年第12期。

〔3〕《民法典》中规定的"善意取得制度"严格来看要求标的物为动产或不动产，但鉴于《公司法解释（三）》第27条也只是使用了"参照"一词，因此笔者认为此处可不考虑标的物限制。

善意取得的必要条件之一。总结即为，无权处分人拥有权利外观，且已经与善意第三人完成完整的交易手续，除所有权瑕疵之外不能存在其他交易瑕疵。

商事交易是否可以照搬民事交易的"善意取得"制度及其构成要件？笔者认为，照搬绝对不可取，但可以在保留善意取得制度本质的基础上进行化用，善意取得制度的本质为：由第三人善意弥补了无权处分人的权利瑕疵，牺牲了真正权利人的利益，以保护交易链条中后买受人的利益。因此股权善意取得的条件应为：股权转让协议有效、第三人在股权发生变动之时善意、以合理价格转让股权、第三人已经做了工商变更登记。

结合前文对股权变动模式的论述，显然在"债权形式主义模式"的两种主张下，后受让人要想取得股权，需要公司变更股东名册或进行工商变更登记，并且后受让人在此过程中需要全程保持善意，即其他股东需要一致隐瞒后受让人先前的股权转让事实，因此实践中很难成就后受让人的善意，自然很难成立善意取得。而如果就第一次转让行为而言公司不知情，则更加无法变更股东名册，那么出让人的行为仅构成"一股二卖"而非"一股再卖"，也不适用善意取得。王涌教授正是遵循了这一思路，他认为我国目前的股权变动模式是"债权形式主义"，且以股东名册变更登记为股权变动生效要件。[1]

然而，结合前文对现行法模式的分析可知，无论是以变更股东名册为生效要件还是以变更工商登记为生效要件的"债权形式主义模式"，都与现行法规定相悖，因此在"债权形式主义模式"下讨论有限公司股权能否善意取得构成了一种前提的错误。

而无论采"纯粹的意思主义模式"还是"修正的意思主义模式"，均能给予"善意取得"以生存的空间。在"纯粹的意思主义模式"下，由于绕

---

〔1〕 王涌：《股权如何善意取得？——关于〈公司法〉司法解释三第28条的疑问》，载《暨南学报（哲学社会科学版）》2012年第12期。

开了公司因素，股权变动只需要股权转让协议生效即可，那么后受让人的善意就有很大概率可以成就了。在"修正的意思主义模式"下，原股东在进行第一次出让时很有可能不通知公司，虽转让行为对公司不发生效力，但不影响股权已经转移给受让人这一事实的发生，后其再次将股权出让的行为自然构成无权处分，而非"一股二卖"；后第三人受让时，由于公司也对先前的股权转让行为不知情，与第三人同样"被蒙在鼓里"，故此后受让人的善意也有可能成就了。

当然，在前述情境下，由于出让人的股权转让行为均未通知公司，因此此处还需讨论其他股东优先购买权受到侵害的救济效果以及公司章程限制股权对外转让时的内外效力问题，下文会一一涉及。

简言之，选择"纯粹的意思主义"或"修正的意思主义"作为有限公司股权变动模式仅仅是合理化解释有限公司股权善意取得的第一步，可以说是必要但不充分条件。

三、优先购买权对善意取得的影响

前文中已有提及，为成就"善意取得"，第三人与无权处分人的交易不能存在除"所有权缺失"之外的任何瑕疵，成立且生效的股权转让协议是前提。即便采"纯粹的意思主义"或"修正的意思主义"作为股权变动模式，在无权处分人绕开公司这一环节直接与第三人达成股权转让合意这一情形下，还要考虑，其他股东要求行使对优先购买权的救济是否会影响股权转让协议的效力，如果答案是肯定的，那么"善意取得"也无法成就。

"优先购买权"被规定在《公司法》第71条第2款和第3款中，股东向非股东第三人转让股权，应当经其他股东过半数同意；经股东同意转让的股权，在同等条件下，其他股东有优先购买权。而违反该法条的后果，实践与理论中产生了几种不同的观点，有的认为"该条规定属于效力性强制性规定，因此违反后将使得股权转让协议无效"[1]；有的认为"其他股东过半数同意"和"股东优先购买权"为股权转让合同生效的条件[2]；有的认为缺少其他股东的意思表示将使得该合同处于效力待定状态，还有观点采有效说[3]。如果采前三种观点，那么即使适用"意思主义"股权变动模式，善意第三人也无法取得股权，因为只要绕开公司其他股东这一因素，第三人与无权处分人之间的股权转让协议就无法生效；而如果不绕开，则第三人的善意又存在成就的困难。因此究竟选择何种路径对损害优先购买权的情形进行救济，将影响有限公司股权善意取得能否成就。

2019 年《最高人民法院关于印发〈全国法院民商事审判工作会议纪要〉的通知》第 9 条对这一问题给出了官方答复，股权转让合同不因出让人未通知其他股东而当然无效，其他股东优先购买权被侵害而主张购买时，股东与受让人间的股权转让协议应当为有效但履行不能。

对此应当做进一步解读，先仅考虑股东出让股权时未通知其他股东这一双方情境。在两种"意思主义模式"下，股权变动协议一经生效即发生股权变动的效力，但在一定期限内，若被绕过了的其他股东重新行使优先购买权，则受让人所得股权又将因法定效力而归于其他股东，但这并不妨碍该受让人曾经取得过股权这一事实，因为其他股东很可能即使在得知转让事宜后也不行使优先购买权，或是超过了权利可得到救济的期限而无法行使[4]，此时加上股权变动协议仍然有效，受让人仍可依据生效的合同取得股权。

在此分析上做进一步思考，在"一股再卖"情形中，优先购买权被侵害的情形分为以下三种：

---

[1] 钱玉林：《股权转让行为的属性及其规范》，载《中国法学》2021 年第 1 期。

[2] 钱玉林：《股权转让行为的属性及其规范》，载《中国法学》2021 年第 1 期。

[3] 钱玉林：《股权转让行为的属性及其规范》，载《中国法学》2021 年第 1 期。

[4] 《最高人民法院关于适用〈公司法〉若干问题的规定（四）》第 21 条第 1 款："……但其他股东自知道或者应当知道行使优先购买权的同等条件之日起 30 日内没有主张，或者自股权变更登记之日起超过 1 年的除外。"

第一种，第一次转让股权时通知了其他股东，第二次转让时未通知：具体而言，该种情况为出让人 A 先将股份转让给了 B，并通知了公司其他股东，得到了其他股东的同意，但未变更工商登记，此时 B 已经继受取得 A 的股权。后 A 在隐瞒公司与 B 的情况下又将同样的股份转让给 C，与 C 订立了有效的股权转让协议，并同 C 完成了工商变更登记。显然 A 此时构成无权处分，假设 C 是善意的，此时如果其他股东发现了 A 的再转让行为，能否要求行使优先购买权进行救济？笔者认为显然此时其他股东无法直接行使优先购买权，如果允许，则等同于其他股东绕过了真正的股权所有人 B，从无权处分人 A 处获得了该部分股权，优先购买权显然不具有此种凌驾于所有权之上的效力。加之，其他股东作为对股权真正归属的知情方，显然也不能构成"善意买受人"，因此其他股东若要获得股权，除非 A 的再次转让行为能得到 B 的追认，并且其他股东付出与 C 同等的购买条件。然而，无论 B 是否追认，都不能阻碍 C 通过符合股权善意取得的一系列条件而已经获得了股权这一事实（即便采"修正的意思主义模式"，C 获得的是不完整的股权）。此处有差异的只是，在 B 进行追认后，由于其他股东行使优先购买权，C 又丧失了已经获得的股权。

第二种，第一次转让时未通知其他股东，第二次转让时通知了：具体情境同前述例子，此时讨论优先购买权能否行使并无意义，问题在于，B 能否就二次转让中其他股东同意转让的决议提起决议无效之诉，如果答案是肯定的，这又是否会影响 C 的善意取得[1]？对于第二个问题，司法解释已经给出了回答，《最高人民法院关于适用〈公司法〉若干问题的规定（四）》（以下简称"《公司法解释（四）》"）第 6 条规定，决议无效的，不影响公司与善意相对人形成的民事法律关系。本案例中，在 B 未登入公司股东名册也未变更工商登记的情形下，C 与 A 签订股权转让协议，则无

---

[1] 王涌：《股权如何善意取得？——关于〈公司法〉司法解释三第 28 条的疑问》，载《暨南学报（哲学社会科学版）》2012 年第 12 期。

论考虑"善意"应达到何种注意义务的程度，均应认为 C 已经达到了"善意第三人"的要求。加之《公司法解释（四）》第 6 条的规定，即使公司决议无效，C 此时也能够不受阻碍地善意取得相应股权，成为公司股东。在此基础上，第一个问题的答案似乎已经并非本文关键，但既然问题已经提出，在此还是尝试进行一些浅薄的分析。《公司法》第 22 条第 1 款规定，"公司股东会或者股东大会、董事会的决议内容违反法律、行政法规的无效"。由于立法未明确规定具体的公司决议无效事由，故在理论与实践中争议颇丰，有观点认为"应当对 22 条第 1 款做目的性限缩解释，公司决议内容只有违反法律、行政法规效力性强制性规定的才无效"[1]；实务中有法官认为应当援引民法中对法律行为效力的判断方法来衡量公司法决议是否无效，即需要考察股东的真实意思表示[2]。叶林教授认为，对于公司决议应当分为内部逾权决议与外部逾权决议，后者包括逾越公司权力的决议与逾越股东个人权利的决议。公司做出剥夺股东个人财产权利的决议应属无效。[3]前述情境下，若采"纯粹的意思主义模式"，则 B 在股权转让协议生效之时虽已成为公司股东，但在 C 通过善意取得股权之时，B 就丧失了其股东身份。若采"修正的意思主义模式"，则 B 虽从 A 处受让了股权，但该行为并不对公司生效，即对于公司而言，B 并非"股东"。综上，无论采何种股权变动模式，公司做出的同意转让其股份的决议都并非属于逾越股东个人权利的决议，而是属于逾越公司权力的决议，实质上等同于对公司之外的第三人实施了一个侵权行为，应属无效。但值得讨论的是，B 是否具有提起该决议无效之诉的原告资格？结合前文论述可知，B 此时已经不再具有公司股东身份，那么 B 是否属于《公司法解释（四）》第 1 条中规定的"等"范围内的主体？有观点认为"当公司决议存在对外效力时，只要存在

---

〔1〕 王雷：《公司决议行为瑕疵制度的解释与完善——兼评公司法司法解释四（征求意见稿）第 4~9 条规定》，载《清华法学》2016 年第 5 期。

〔2〕 叶林：《股东会决议无效的公司法解释》，载《法学研究》2020 年第 3 期。

〔3〕 叶林：《股东会决议无效的公司法解释》，载《法学研究》2020 年第 3 期。

诉讼利益，任何人均可作为原告，而如果公司决议只具有对内效力，则公司外部人员一般不可能作为原告。"[1]通说认为公司债权人包括在此"等"的范围内。因此 B 作为公司侵权的对象，同时也是侵权之债的债权人，可以向公司提起决议无效之诉。

第三种，两次转让均未通知其他股东：此时其他股东的优先购买权受到了两次损害，但就常理而言，其他股东在发现转让事宜后，只会针对第二次转让行使优先购买权，其目的在于限制股权的向外流转。此时情境便类似于第一种情况中所述，但差异在于，在"修正的意思主义模式"下，此时第一个受让人 B 拥有的是不能对抗公司的"不完整股权"，其他股东是否可以凭借优先购买权直接从无权处分人 A 处购得股权？笔者认为，在此情境下，其他股东如果想要防止该部分股权流出，必然不会承认前受让人 B 的股东地位，故此时对于公司而言，A 仍为公司股东，其未经通知其他股东而转让股权于 C 的行为就成为了一个经典的损害优先购买权的行为，其他股东可以在法定期限内主张救济，只要其购买条件与 C 相同，则可以从 C 手中取回该部分股权。然而无论其他股东作何选择，都不能阻止第三人 C 凭借其善意，且完成了无其他瑕疵的交易行为而取得过该部分股权这一事实的发生。

综上，无论出让人在"一股再卖"的哪一环节侵害公司其他股东的优先购买权，无论其他股东是否事后主张购买，都无法阻碍善意第三人取得股权（可能并非最终取得股权，但股权确实发生过变动）。

四、公司章程对善意取得的影响

在两种"意思主义模式"下，即使出让人对公司隐瞒了多次转让股权的事宜（如前部分所述，可能存在三种隐瞒情况），第三人若符合善意取得

---

[1] 吴庆宝主编：《公司纠纷裁判标准规范》，人民法院出版社 2009 年版，第 190～191 页。

的诸构成要件，也能够取得相应股权。然而此处还需考虑公司章程的对外效力这一问题，若公司章程中明确规定了限制股东对外转让股权的条款，该条款是否能够生效，又是否能约束第三人？简言之，这关乎到第三人在不知章程规定且不符合章程限制的情况下是否能成就善意取得〔1〕。

需要注意的是，这里考虑的善意已经不同于"一股再卖"中的善意，本节内容考虑的善意是指不知道且不应当知道公司章程限制，而"一股再卖"中的善意是指后受让人不知道且不应当知道相对人无处分权。由于公司章程的对外效力问题是即便在出让人有权处分情况下也应考虑的问题，故在此作为一个特殊情况加以分析。

（一）有限公司章程对股权转让的限制

首先需要考虑的问题是，有限公司章程是否能对"股东转让股权"一事做出限制。《公司法》第 71 条规定了有限公司股权转让，其中第 4 款规定："公司章程对股权转让另有规定的，从其规定。"转让股权是股东的固有权利，虽不可禁止，但可以对其做出限制。有观点认为，限制分为对股权转让程序的规定和对股权处分权的实体限制，对二者是否均能约束全体股东这一问题需要分别进行讨论：〔2〕股权转让程序的规制属公司自治范畴，应对全体股东具有拘束力；对于股权处分的实体限制，由于其可能侵害股东固有权利，故应当以"合同"形式成就。同时，应将公司章程区分为初始章程与修改章程。对于初始章程，由于它是全体股东或发起人表决一致通过的，故具有合同性质，其规定的事项无论为对股权转让的程序限制还是实体限制，均应拘束全体股东。对于章程修改时提出的限制，若该限制为对股权转让程序的限制，则应对全体股东生效；若为对股权转让的实体

---

〔1〕 若第三人与无权处分人所做交易（排除处分权瑕疵）本身符合章程限制，则即使第三人未对章程进行审查也无碍其是否成就善意取得。

〔2〕 钱玉林：《公司章程对股权转让限制的效力》，载《法学》2012 年第 10 期。

限制，则反对股东将不受该条规定约束。[1]此种观点尽力在有限公司的资合性与人合性之间做出了平衡，也得到了很多实践判例的支持。

其次应当考虑，有限公司章程具体能做出何种限制。实践中得到过法院支持的章程限制内容有：股东对外转让股权"需经董事会（全体）同意""需经股东会超级多数或者全体同意""针对股权转让价格的严格限定"。有观点认为，法院应对章程所做限制进行合法性审查，引入美国的"合理性标准"："除非转让限制出于足够充分的目的，对于股权转让所施加的武断限制是被禁止且应认定为无效的。"[2]

综上可知，有限公司章程可以对股权对外转让股权做出限制，接下来需要讨论在处分人同意章程做出的该种限制，但第三人不符合章程限制条件且不知情章程规定时，能否善意取得股权，这需要考虑公司章程的对外效力问题。

（二）公司章程的对外效力问题

公司章程的对外效力与第三人能否构成"善意"是一体两面的问题。显然若第三人始终明知（该"明知"可能为"推定明知"）章程限制却仍与处分人进行交易，则公司章程对其具有约束力，该第三人同时也为"恶意第三人"，加之该"恶意第三人"所做交易不符合章程特别限制要求，则交易无效。因此下面需要讨论的是，若第三人由于未对公司章程进行审查而不知限制事由，是否应受到公司章程约束，以及若第三人对公司章程做了审查但仍然无法得知章程规定的限制股权转让事由，是否仍应受到公司章程约束。

第一种观点认为，一旦公司章程有所规定，就应推定第三人明知，章

---

〔1〕 钱玉林：《公司章程对股权转让限制的效力》，载《法学》2012 年第 10 期。

〔2〕 楼秋然：《股权转让限制措施的合法性审查问题研究——以指导案例 96 号为切入点》，载《政治与法律》2019 年第 2 期。

程对其具有约束力。故按照此种观点，无论第三人是否对章程进行了审查（假定最终还是不知道限制事由），均应承担不利后果，事实上此种观点不承认"善意第三人"的存在可能性。

第二种观点（也是第一种观点的反对观点）认为，这一"推定知道"规则以公司章程的登记公示为前提，而我国章程并未要求登记公示，将公司章程提交公司登记机关的行为仅为一种"备案"，只是其中部分条款受到审查并予以了公示，对于章程中未登记部分，自然不具有拘束第三人的效力；对于章程中已经登记公示的部分，是否能约束第三人需要就具体条款进行分析[1]。由于《市场主体登记管理条例》第8~9条规定的公司登记事项并不包括公司内部对于股权转让的限制，故对于股权转让的限制并不属于登记公示的内容，显然"推定知道"规则失去其前提要件，并不合理，于是按此反对观点进行解释，第三人若对章程限制股权转让的内容不知情则不受其约束，且其并无审查义务，即使未对章程进行审查也成立善意，不影响交易效力。

第三种观点认为相对人对公司章程具有审查义务，本质上是一种契约附随义务，该义务源于《民法典》第509条第2款："当事人应当遵循诚信原则，根据合同的性质、目的和交易习惯履行通知、协助、保密等义务。"[2]依此逻辑，第三人在与处分人进行交易时应主动审查该公司章程，未经审查的，若其交易不符合章程限制要求，则应属无效。但经过审查（此处应为形式审查）仍不知情的，不应承担不利后果，应属善意第三人。

第四种观点认为"公司章程被法律规范所'引致'时具有对外效力。法律具有推定通知的功能，也就是'不知法律不免责'。法律的推定通知功能可以借助一定的传导机制传输给公司章程，而这个传导机制便是法律规范中的'引致条款'。《公司法》第71条第4款之规定就是'引致条款'，

---

〔1〕 陈进：《公司章程对外效力研究》，载《甘肃政法大学学报》2012年第5期。

〔2〕 吴飞飞：《公司章程对外效力重述》，载《广西社会科学》2015年第12期。

由于推定第三人应当知道该 71 条法律规定，因此也应当通过第 4 款'公司章程对股权转让另有规定的，从其规定'而知道公司章程之限制规定，由此具有审查义务。"〔1〕笔者认为此种观点的法律效果与观点三并无区别，仅在审查义务的来源上有所不同。

对于公司章程是否具有外部效力的问题争议较大，现行法也并未给出明确的答复，只是在限制对外担保事项上做出了规定。《最高人民法院关于适用〈民法典〉有关担保制度的解释》第 7 条第 3 款给出了一个示例，在公司越权担保中，相对人善意的构成标准是："在订立担保合同时不知道且不应当知道法定代表人超越权限。相对人有证据证明已对公司决议进行了合理审查"。其采用了前述观点三、四的立场，即相对人在交易时应当对公司章程或内部决议做出一定形式审查，否则不构成善意；若第三人经过形式审查仍无法得知限制交易的事由，则仍构成善意。

综上，在公司章程做出限制股权对外转让的规定时，即便该规定因不违反效力性强制性规定而有效，笔者仍倾向于观点二，即公司章程在此问题上的限制不具有对外效力。

(三) 工商登记阻却了善意的形成？

有观点认为，在有限公司股权转让中，由于交易双方需要在工商处进行变更登记，而登记时工商部门需要对交易是否符合公司章程规定进行审查，故相对人一定能够得知章程对于股权转让的限制事宜，因而不可能构成善意。〔2〕

这种情况指的是后受让人并不满足公司章程的限制性规定，工商部门不予变更登记的情形，已经与公司章程是否具有对外效力无关。由于"一股再卖"情况下，第三人需要完成工商变更登记才能取得比前受让人更优

〔1〕 吴飞飞：《公司章程对外效力重述》，载《广西社会科学》2015 年第 12 期。
〔2〕 蔡元庆：《股份有限公司章程对股权转让的限制》，载《暨南学报（哲学社会科学版）》2013 年第 3 期。

的地位，方能成立善意取得，因此如果工商部门不予变更登记，则后受让人不能成立"一股再卖"情形下的善意取得。

但笔者认为，如果认为公司章程并不具有对外效力，那么即使公司章程有所限制，只要工商部门能够予以变更登记，后受让人仍可以成立"一股再卖"情形下的善意取得，毕竟"善意"的判断时点是在股权发生变动之时，即签订股权转让协议之时，而非工商登记之时。[1]

五、结论

通过前文的分析，可以得出的结论是：对于有限公司股权变动模式而言，现行立法采用的是"纯粹的意思主义模式"或者"修正的意思主义模式"，不以变更股东名册或工商登记为生效要件。即使其他股东的优先购买权受到侵害，股权转让协议的效力也不会受到影响。公司章程对于股权转让的特别限制对善意第三人不生效力。只要股权转让协议生效、后受让人付出合理购买价格、后受让人于签订股权转让协议之时为善意、后受让人进行了工商变更登记，就可以发生"一股再卖"情形下股权由后受让人善意取得的效果。因此，有限公司股权的善意取得在理论上可被合理证成，在实践中也有实现的可能。

当然，即使是在一些学者所指出的无权处分人与公司均对"一股再卖"知情的情况下，也未尝不可能成就第三人善意，只不过此时要使得第三人完全不知情相对较难成就。如果的确成就第三人善意，则也应当允许善意取得的适用空间，毕竟"善意取得"制度本身就是在第三人利益与真正所有权人利益之间做了一个倾向前者的选择，旨在维护交易链条的安全。

---

〔1〕《最高人民法院关于适用〈民法典〉物权编的解释（一）》第17条规定，善意取得制度中"受让人受让该不动产或者动产时"，是指依法完成不动产物权转移登记或者动产交付之时。

参考文献

［1］李建伟：《公司法学》，中国人民大学出版社 2018 年版。

［2］吴庆宝主编：《公司纠纷裁判标准规范》，人民法院出版社 2009 年版。

［3］李建伟：《有限责任公司股权变动模式研究——以公司受通知与认可的程序构建为中心》，载《暨南学报（哲学社会科学版）》2012 年第 12 期。

［4］李建伟、罗锦荣：《有限公司股权登记的对抗力研究》，载《法学家》2019 年第 4 期。

［5］钱玉林：《股权转让行为的属性及其规范》，载《中国法学》2021 年第 1 期。

［6］钱玉林：《公司章程对股权转让限制的效力》，载《法学》2012 年第 10 期。

［7］王雷：《公司决议行为瑕疵制度的解释与完善——兼评公司法司法解释四（征求意见稿）第 4~9 条规定》，载《清华法学》2016 年第 5 期。

［8］叶林：《股东会决议无效的公司法解释》，载《法学研究》2020 年第 3 期。

［9］楼秋然：《股权转让限制措施的合法性审查问题研究——以指导案例 96 号为切入点》，载《政治与法律》2019 年第 2 期。

［10］陈进：《公司章程对外效力研究》，载《甘肃政法大学学报》2012 年第 5 期。

［11］蔡元庆：《股份有限公司章程对股权转让的限制》，载《暨南学报（哲学社会科学版）》2013 年第 3 期。

［12］赵旭东、邹学庚：《股权变动模式的比较研究与中国方案》，载《法律适用》2021 年第 7 期。

［13］王涌：《股权如何善意取得？——关于〈公司法〉司法解释三第 28 条的疑问》，载《暨南学报（哲学社会科学版）》2012 年第 12 期。

［14］吴飞飞：《公司章程对外效力重述》，载《广西社会科学》2015 年第 12 期。

［15］俞志凌：《公司决议效力确认纠纷的形式及原告资格》，载《人民司法》2010 年第 16 期。

［16］曹兴权：《越权交易效力规则的公司法体系性表达》，载《上海政法学院学报（法治论丛）》2021 年第 2 期。